고마워요, 그림책

삶과
그림책
깊이
읽기

곽영미 지음

고마워요, 그림책

차례

작가의 말

1장 자연, 우리를 둘러싼 것들

1. 세상의 아름다움을 느끼나요? 014
- 리즈 카튼 스캔런 글, 말라 프레이지 그림 | 이상희 옮김 | 웅진주니어, 《온 세상을 노래해》

2. 풀과 나무의 씨앗을 관찰한 적이 있나요? 020
- 이세 히데코 글, 그림 | 김소연 옮김 | 천개의바람, 《나무의 아기들》

3. 동물과 대화해 본 적이 있나요? 026
- 가브리엘 뱅상 지음 | 별천지, 《어느 개 이야기》
- 권정민 지음 | 보림, 《지혜로운 멧돼지가 되기 위한 지침서》

4. 산책의 즐거움을 아세요? 032
- 윤석중 시, 이영경 그림 | 창비, 《넉 점 반》
- 이형진 글, 그림 | 느림보, 《숲의 길》

5. 나무 하나에 무엇이 담겨 있을까요? 042
- 김장성 글, 김선남 그림 | 사계절, 《나무 하나에》
- 재니스 메이 우드리 글, 마르크 시몽 그림 | 강무홍 옮김 | 시공주니어, 《나무는 좋다》

6. 캠핑을 가고 싶나요? 054
- 김중석 그림책 | 사계절, 《나오니까 좋다》
- 김지현 지음 | 웅진주니어, 《지난 여름》

7. 생명과 자연을 먹고 있나요?   062

- 신보름 지음 | 킨더랜드, 《콩 심기》
- 곽영미 글, 송은선 그림 | 숨쉬는책공장, 《자연이 가득한 계절 밥상》

8. 지구를 위해 내가 할 수 있는 일은 무엇일까요?   072

- 이기훈 글, 그림 | 리젬, 《양철곰》
- 곽영미 글, 김선영 그림 | 숨쉬는책공장, 《코끼리 서커스》

2장 나와 나를 둘러싼 관계들

1. 지금 누군가를 사랑하고 있나요?   084

- 사노 요코 글, 그림 | 김난주 옮김 | 비룡소, 《100만 번 산 고양이》
- 사노 요코 글, 그림 | 황진희 옮김 | 거북이북스, 《태어난 아이》

2. 가족에게 상처 입은 일이 있나요?   092

- 이혜란 지음 | 보림, 《우리 가족입니다》
- 사라 스트리츠베리 글, 사라 룬드베리 그림 | 이유진 옮김 | 위고, 《여름의 잠수》

3. 당신에겐 어떤 친구가 있나요?   102

- 윌리엄 스타이그 글, 그림 | 김경미 옮김 | 비룡소, 《아모스와 보리스》
- 윤재인 글, 오승민 그림 | 느림보, 《찬다 삼촌》

4. 용기를 낸 적이 있나요?   114

- 정진호 지음 | 현암주니어, 《위를 봐요!》
- 백희나 지음 | 책읽는곰, 《알사탕》

5. 강함이 무엇이라고 생각하나요?   124

- 소피 블랙올 글, 그림 | 정회성 옮김 | 비룡소, 《안녕, 나의 등대》
- 에밀리 젠킨스 글, 소피 블랙올 그림 | 길상효 옮김 | 씨드북(주), 《산딸기 크림봉봉》

6. 시간을 낭비한다는 의미는 무엇일까요?   132

- 요르크 슈타이너 글, 요르크 뮐러 그림 | 고영아 옮김 | 비룡소, 《난 곰인 채로 있고 싶은데…》
- 이와무라 카즈오 지음 | 박지석 옮김 | 진선아이, 《생각하는 개구리》

7. 자신을 위로할 수 있나요?   140

- 숀 탠 글, 그림 | 김경연 옮김 | 풀빛, 《빨간 나무》
- 조던 스콧 글, 시드니 스미스 그림 | 김지은 옮김 | 책읽는곰, 《나는 강물처럼 말해요》

8. 당신은 무슨 색인가요?   150

- 이소영 글, 그림 | 시공주니어, 《파란 아이 이안》
- 송미경 글, 세르주 블로크 그림 | 문학동네, 《돌 씹어 먹는 아이》

9. 내 마음 근력은 얼마만큼의 크기일까요?   158

- 곽영미 글, 율마 그림 | 남영은 감수 | 숨쉬는책공장, 《초원을 달리는 수피아》
- 하수정 그림책 | 웅진주니어, 《울음소리》

3장 인생의 과정, 삶과 죽음

1. 당신에게 직업은 어떤 의미인가요?   168

- 정인하 글, 그림 | 고래뱃속, 《밥·춤》
- 김효은 글, 그림 | 문학동네, 《나는 지하철입니다》

2. 삶은 무엇인가요?   176

- 다니카와 슌타로 시, 오카모토 요시로 그림 | 권남희 옮김 | 비룡소, 《살아 있다는 건》

3. 삶에서 중요한 것들은 무엇일까요?   180

- 오사다 히로시 글, 이세 히데코 그림 | 김소연 옮김 | 천개의바람, 《첫 번째 질문》
- 호무라 히로시 글, 사카이 고마코 그림 | 엄혜숙 옮김 | 길벗스쿨, 《눈 깜짝할 사이》

4. 당신은 무엇을 기다리나요?   186
- 다비드 칼리 글, 세르주 블로크 그림 | 안수연 옮김 | 문학동네, 《나는 기다립니다》

5. 인생의 마지막 성공은 무엇일까요?   192
- 웬디 케셀만 글, 바바라 쿠니 그림 | 강연숙 옮김 | 느림보, 《엠마》
- 인디아 데자르댕 글, 파스칼 블랑셰 그림 | 이정주 옮김 | 시공주니어, 《마르게리트 할머니의 크리스마스》

6. 부모와 함께 떠난 여행은 어땠나요?   198
- 장경원 글, 정민아 그림 | 느림보, 《엄마하고 나하고》

7. 홀로 살아간다면 어떨까요?   204
- 안녕달 그림책 | 창비, 《할머니의 여름휴가》

8. 마지막 순간, 무엇을 하고 싶나요?   212
- 고정순 그림책 | 만만한책방, 《어느 늙은 산양 이야기》
- 글로리아 그라넬 글, 킴 토레스 그림 | 문주선 옮김 | 모래알, 《할아버지의 마지막 여름》

9. 가까운 누군가를 떠나보낸 일이 있나요?   220
- 전미화 글, 그림 | 사계절, 《씩씩해요》
- 마이클 로렌 글, 퀸틴 블레이크 그림 | 김기택 옮김 | 비룡소, 《내가 가장 슬플 때》

10. 죽음이 준비됐나요?   230
- 볼프 에를브루흐 글, 그림 | 김경연 옮김 | 웅진주니어, 《내가 함께 있을게》

- 그림책의 용어
- 그림 장면 연출 용어

그림책의 용어

- **판형**: 책의 크기와 모양을 말합니다. 그림책의 판형은 책의 내용에 따라 달라질 수 있는데, 가로로 긴 형태, 세로로 긴 형태, 정사각형, 직사각형, 원형, 특정 형태 등 다양합니다. 어떤 판형이 그림과 글에 가장 적합한지, 이야기의 흐름에 적합한지, 독자 연령에 적합한지 등을 고민해서 정합니다.

- **표지**: 그림책 가장 겉면에 있는 부분입니다. 앞, 뒤, 책등으로 구분됩니다.

- **면지**: 그림책 표지와 표지 다음 장을 연결하는 부분입니다. 표지를 넘기면 바로 면지가 나옵니다. 면지는 책의 앞쪽과 뒤쪽에 넣습니다. 그림책은 본문을 주로 16개의 펼침면(32쪽)으로 구성합니다. 인쇄판 1개에 넣을 수 있는 페이지 크기와 수에 한계가 있기 때문입니다. 그래서 이야기를 본문에 다 넣기 어려운 경우 면지에서 이야기를 시작하기도 합니다.

- **표제지**: 약표제지와 표제지로 구분합니다. 약표제지(half title)에는 주로 책 제목을 넣습니다. 표제지(full title)에는 제목, 작가 이름, 출판사 이름 등의 정보를 넣습니다. 본문 페이지 분량이 많은 경우 약표제지를 생략할 때도 많습니다. 내용에 따라 페이지 수를 줄이거나 늘려서 다양한 형식으로 제작합니다.

- **본문**: 그림책 이야기가 시작되고 끝나는 부분입니다. 앞면지에서 이야기가 시작하고 뒷면지에서 끝나기도 합니다.

- **주변 텍스트**: 본문을 제외한 나머지 부분을 '주변 텍스트'라고 부르며, 앞, 뒤표지, 앞, 뒷면지, 표제지, 판형 및 레이아웃 등을 말합니다.

- **주조색**: 배색의 기본이 되는 색으로, 그림책에서 가장 넓은 부분을 차지하는 색을 말합니다.

- **프레임**: 프레임은 그림을 둘러싼 면을 말합니다. 그림책에서 프레임은 다양한 크기로 구성됩니다. 물론 프레임이 없는 그림책도 많습니다. 프레임의 공간 구성 역시 서사 전개에 영향을 미치고, 의미를 담아 효과를 줍니다.

- **프레이밍**: 화면의 구도와 구성을 정하는 것입니다. 그림책은 영화와 비슷한 부분이 많습니다. 화면의 구도와 구성을 정할 때 영화처럼 카메라 앵글의 높이를 조절하거나, 렌즈의 거리를 조절하는 줌인(Zoom in), 줌아웃(Zoom out) 방식을 씁니다.

- **펼침면**: 그림책을 펼쳤을 때, 보이는 두 쪽(왼쪽 면과 오른쪽 면)으로, 한 바닥이라고도 부릅니다.

- **시퀀스**: 시퀀스(sequence)는 영화에서 몇 개의 관련된 장면을 모아서 이루는 구성 단위를 가리킵니다. 그림책에서도 연속적인 이미지나, 이야기의 에피소드로 시퀀스를 구분할 수 있습니다.

그림 장면 연출 용어

- **펼침면 그림**: 펼침면에 그림이 전체로 들어간 장면으로, 전체 숏(shot)을 말합니다.
- **한쪽면 그림**: 한쪽면에 그림이 전체로 들어간 장면으로, 한쪽면 숏(shot)을 말합니다.
- **작은 그림**: 작은 그림, 또는 여러 컷의 그림이 들어간 장면으로, 작은 그림 하나를 소컷, 부분 숏(shot)이라 말합니다.

* 그림 장면 연출 용어는 여러 이름으로 쓰이는데,《고마워요, 그림책》에서는 이렇게 정리해서 쓰도록 하겠습니다.

작가의 말

내가 좋아하는 책 중 하나인 포리스트 카터의 《내 영혼이 따듯했던 날들》에 이런 글이 나온다.

"할머니는 사람들은 누구나 두 개의 마음을 갖고 있다고 하셨다. 하나의 마음은 몸이 살아가는 데 필요한 것들을 꾸려 가는 마음이다. 몸을 위해서 잠자리나 먹을 것 따위를 마련할 때는 이 마음을 써야 한다. 그런데 우리에게는 이런 것들과 전혀 관계없는 또 다른 마음이 있다. 할머니는 이 마음을 영혼의 마음이라고 부르셨다."

나는 우리 모두 두 개의 마음, 할머니의 말처럼 일상을 살아가는 마음과 영혼의 마음이 함께한다고 생각한다. 하지만 이 두 마음을 온전히 알아보고 살아가는 이들이 얼마나 될까? 많은 이들이 일상의 마음만 있다고 여기며, 그것만을 보고 살아가지 않을까. 그래서 우리의 삶이 지치고, 힘들고, 외롭게 느껴지는 게 아닐까.

나는 일상을 살아가는 우리의 마음을 더욱 단단하게 만들고, 위로해 주는 것이 바로 영혼의 마음이라고 여긴다. 나의 영혼의 마음은 자연과 함께하는 시간이며, 그림책과의 만남이다. 그림책을 가만히 들여다보고 있으면 온전한 나와 그림책 속 인물들을 만나게 된다. 한 줄의 문장에서, 하나의 장면에서 콧등이 찡하고, 가슴이 뭉클해진다. 이런 감정은 나뿐만 아니라 그림책을 좋아하는 많은 이들이 느꼈을 것이다.

    그림책을 통해 위로를 받습니다.
    그림책을 통해 사랑을 배웁니다.
    그림책을 통해 용기를 얻습니다.

    그림책을 만날 수 있어서 참 다행이라고 생각한다. 오랫동안 그림책과 함께한다면 내 영혼의 마음을 계속 들여다보고, 위로해줄 수 있지 않을까.

    이 책은 개인적인 이야기보다 그림책을 깊게 들여다보는 데에 초점을 맞췄다. 그러다 보니 그림책 해석에 개인적인 생각이 많이 들어갔다. 그림책의 좋은 점 중 하나는 그림을 다양하게 해석할 수 있다는 것이다. 이 이야기를 읽으며 자신만의 다양한 그림책 깊게 읽기를 할 수 있었으면 좋겠다. 그리고 그 시간이 당신 영혼의 마음을 깨우고 위로하는 시간이 되었으면 한다.

2021년 가을

곽영미

1장

자연,
우리를
둘러싼 것들

01

세상의 아름다움을 느끼나요?

- 리즈 카튼 스캔런 글, 말라 프레이지 그림 | 이상희 옮김 | 웅진주니어, 《온 세상을 노래해》

몽골 여행에서 하늘이 참 예쁘다고 생각했다. 그곳에선 어디서나 지평선이 보였고, 하늘은 엄청나게 넓었다. 무엇보다 구름의 형태가 다양하고 아름다워서 하늘만 보고 살아도 좋겠다고 여겼다. 제주에 내려와서 본 하늘은 몽골의 하늘과 닮았다. 오랫동안 제주에서 살았고, 방학 때마다 제주에 왔지만 하늘을 제대로 보면서 아름답다고 여겼던 적이 없었다. 수평선 위로 펼쳐진 제주의 하늘은 몽골 하늘만큼이나 넓고 아름다웠다. 마치 그림책 《온 세상을 노래해》의 표지와 닮았다.

이 책을 처음 접한 것은 지인의 추천 덕분이었다. 처음에 읽었을 때 기대를 많이 했던 탓인지 크게 와닿지가 않아서 '그녀와 내가 취향이 이렇게 다른가?'라고 생각했다. 몇 년 뒤 아이들과 함께 이 책을 다시 읽게 됐다. 보통 아이들과 그림책을 읽을 때 글을 지우고 그림을 먼저 보게 하고, 그 뒤에 글과 함께 본다. 아이들에게 글이 아닌 그림을 먼저 보게 하기 위해서다. 그림만을 감상하는 아이들을 통해 이 그림책의 매력을 제대로 알 수 있었다. 여러 차례 보게 되자 그림책이 온전히 다가왔다.

앞표지에는 언덕 위에서 구름을 보는 남자아이와 여자아이의 뒷모습이 보이고, 뒤표지에는 해변에서 놀이를 마친 두 아이와 엄마, 아빠의 모습이 보인다. 면지는 색면지로, 초록색으로 구성되어 있다. 표제지에는 제목과 함께 작은 소라 모양의 고둥이 보인다. 이 책은 이야기가 펼침면으로 시작되지 않는다. 표제지 다음 펼침면 왼쪽 면에 판권 내용이 들어가 있고, 오른쪽 면에서 본문 이야기가 홀수 페이지로 시작된다.

이야기의 시작에서는 "바위, 돌멩이, 조약돌, 모래"라는 글이 보이고, 남매처럼 보이는 두 아이가 돌멩이를 나르는 모습이 보인다. 그다음에는 두 아이가 모래성을 만들고, 엄마, 아빠의 모습이 보인다. 글이 그림 위에 물결치듯 놓여 있다. 이 그림책에는 '타이포그래피'가 자주 쓰인다. '타이포그래피'는 활판으로 하는 인쇄술로, 활자를 배치, 디자인해 표현하는 것을 말한다. 글에 움직임을 주어 그림과 함께 역동성을 부여한다.

아이와 가족들의 모습이 클로즈업됐던 화면은 점점 줌아웃되면서 다음 장에서는 가족이 자동차를 타고 달리는 도로를 보여 주고, 뒷이야기에 나오는 장소가 멀리 보인다. 글로는 '세상은 넓고도 깊다'고 적혀 있다.

이 그림책은 시적인 글과 아름다운 풍경으로 그려져 있다. 또한, '프레이밍' 기법이 잘 나타난 그림책이기도 하다. 프레이밍(framing, 구조화)은 화면의 구도와 구성을 정하는 것이다. 이야기의 앞 장면에서 다음 장면에서 보일 장소와 사람들을 미리 조금씩 보여 주고, 다음 장면에서 줌인해 그곳을 보여 주고 있다. 앵글의 각도도 다채롭게 변화를 줘서 마치 움직이는 영상을 보는 듯하다. 처음 가족들이 차를 타고 달리는 장면에서 멀리 보였던 작은 시장이 그다음 장면에 나오고, 나무 위에서 보았던 먼 곳의 탑이 다음 이야기의 장소가 되는 식이다. 그림을 자세히 보다 보면 뒤에 어떤 장소가 등장할지, 어떤 사람들이 보일지 알 수 있다. 그리고 같은 사람들이 그림 장면에 따라 어떻게 다른 행동을 하고 있는지 찾아보게 된다. 아이들은 이런 그림 구조를 보며 그것들을 찾아내는 것에 즐거워했다.

나무가 보이는 장면에서는 "나무, 둥치, 가지, 우듬지"라는 글이 있다. 우듬지는 나무줄기의 끝부분이고, 둥치는 큰 나무의 밑동을 이르는 말이다. 많은 사람에게 늘 쓰던 어휘만 사용해서 말하는 습관이 있다. 그러다 보니 자연스럽게 어휘가 빈약해진다. 일부 작가들은 어린이들이 보는 그림책에도 낯선 어휘를 넣어 아이들이 새로운 어휘를 익히도록 한다. 또한 그림책은 성인 독자들이 함께 보는 이중독자를 지닌 책이므로 좀 더 넓은 어휘를 쓸 수 있기도 하다.

나무가 보이는 장면에서 글을 읽던 독자는 다소 헤매게 된다. 분명 처음 이야기의 시작에서 나왔던 해변에서 놀던 가족을 따라 이야기를 옮겨 갔는데, 갑자기 할아버지와 어린아이들이 등장하기 때문이다. 나는 '그 가족은 어디에 간 거야?' 생각하다가 뒤에 다시 그들이 나오자 안도하며 이야기를 읽어 갔다. 나중에서야 나무가 보이는 장면에 등장한 할아버지와 어린아이들이 왜 나오게 됐는지 알게 됐다. 그들은 이미 앞의 시장에서 주인공 가족과 함께 있었다. 그리고 자연스럽게 할아버지와 어린아이들의 이야기로 흘러가다가 다시 처음 가족으로 그리고 다시 할아버지와 아이들, 그리고 결말 부분에서 등장했던 인물들이 다 같이 모인 그림이 이어진다. 마치 등장인물에서도 온 세상을 보여 주는 것 같다.

그림은 모두 펼침면에 들어가 있는데, 배경색이 있고, 없는 것으로 차이를 두었다. 자연의 구체적인 대상물이 나오거나 사람들의 움직임이 나오는 장면에서는 배경의 색을 빼고 인물에만 색을 넣어 집중하게 했다. 반면 "온 세상이 커다란 뜰이에요."와 같이 세상을 비유한 글이 있는 장면에서는 배경색을 넣어서 표현하고 있다. 그림은 이렇게 강약의 리듬감을 만들면서, 배경이 들어간 그림 장면에서 더 깊게 빠져들게 했다.

저녁이 되자 가족들은 집으로 향하고, 사촌들이 모여서 음악 연주를 한다. 이야기에 등장인물이 왜 많은가 생각했는데, 이 장면에서야 이해가 됐다. 등장인물들이 대다수 가족으로 연결되어 있었다. 처음 등장했던 가족과 나무 위에서 놀던 아이들과 할아버지들이 모두 가족이었다. 그림 작가가 재치 있게 이야기의 주인공과 주변 인물들을 그림 곳곳에 배치해서 이야기를 완성했다. 작가의 그림이 더욱 돋보이는 것은 바로 '온 세상'이라는 이야기의 주제와도 연결되기 때문이다.

이야기는 깊은 밤, 마을의 모습이 보이며, "너와 나, 우리가 온 세상"이라고 말하며 끝난다. 작가가 그림과 글에서 말하고자 하는 주제는 바로 온 세상, '우리 모두'다. 아름다운 자연만이 아니라 그 자연 속에서 보고, 듣고, 냄새 맡고 사랑하는 우리들이 아름답다고 노래한다. 그림책의 글과 그림을 온전히 보고 나니 아무런 감흥 없던 내 마음에서도 감동의 물결이 일었다.

이 그림책에서 놓치고 싶지 않은 장면이 있다. 바로 마지막 아이가 손에 들린 무언가를 보는 장면이다.

'대체 아이 손에 무엇이 놓인 것일까? 얼마나 소중한 것이면 아이가 저렇게 골똘히 보고 있는 것인가……?'

그림 작가는 왜 이 장면을 마지막으로 "세상은 우리 모두입니다."라는 글과 함께 그렸을까 고민해 봤다. 나는 아이 손에 들린 것은 표제지에 나온 소라처럼 생긴 고둥이라고 생각한다. 본문 두 번째 그림 장면에서 소녀가 엄마에게 무언가를 건네는 모습과도 연결된다. 물론 내 짐작이 틀릴 수도 있겠지만 아이가 해변에서 주운 속이 빈 소라고둥이었으면 좋겠다. 쓸모없다고 여기는 빈 소라고둥마저도 세상의 일부분이고, 아름다움이며, 그런 아름다움을 볼 줄 아는 아이까지로 연결되면 좋겠다.

이 그림책에서 가장 마음에 드는 한 장면을 고르라면, 물론 장면마다 제각각의 아름다움이 있어서 고르기가 어렵지만 나는 마지막 장면 이 아이의 모습을 선택할 것이다. 이 책의 영어 제목은 'All the World'인데 제목처럼 자연뿐만 아니라 세상 모든 것들이 함께 함을 알려 준다.

02

풀과 나무의 씨앗을 관찰한 적이 있나요?

- 이세 히데코 글, 그림 | 김소연 옮김 | 천개의바람, 《나무의 아기들》

나는 숲을 산책하는 것을 좋아한다. 산책할 때면 풀과 나무가 어떻게 자라고, 어떤 꽃을 피우고 열매를 맺는지 즐겨 본다. 많은 이들이 곱고 화려한 꽃 말고 열매나 잎을 보는 데에는 관심과 시간을 많이 두지 않는다. 열매나 잎이 눈에 띄지 않아서 모른 채 지나치는 경우도 많다. 하지만 화려하고 예쁜 꽃만큼이나 열매나 잎도 아름답다.

누군가 내게 '숲에 관한 그림책 중 어떤 책을 좋아하세요?'라고 묻는다면 주저 없이 바로 이 책을 꼽는다. 《나무의 아기들》, 이

책은 내게 너무나도 사랑스럽다. 풀과 나무의 열매에 관심이 있는 사람이라면 이 책을 보고 나와 같은 놀람과 감탄을 표현할 것이다.

이 책은 씨앗과 열매 이야기다. 나는 몇 년 동안 수목원에서 숲해설을 했기 때문에 이 책을 처음 봤을 때, 분노와 안타까움이 먼저 들었다. 책에 내용이 부족하거나 잘못됐기 때문에 이런 감정이 든 게 아니다. 내가 그토록 숲을 다니면서 줄곧 열매와 씨앗을 보았건만 나는 왜 이런 책을 만들 생각을 못했을까 하는 자괴감 때문이었다. 하지만 나의 질투는 금세 이렇게 멋진 글과 그림으로 풀어낸 작가에 대한 존경으로 바뀌었다. 내가 이번 생에서는 만들 수 없는 글과 그림이었다. 작가가 얼마나 자주 숲을 다니며 나무와 열매를 관찰했을지, 열매들의 모양과 움직임을 아기들의 몸짓에 적용하기까지 얼마나 많은 시간과 노력이 들어갔을지 짐작할 수 있었다.

나는 이세 히데코의 글과 그림을 좋아한다. 이 작가는 수채화로 그림을 많이 그리는데, 글들은 대체로 무거운 주제를 담고 있다. 무거운 주제의 글에 담담한 색감의 수채화 기법을 이용해서 덜하지도 더하지도 않는 아름다운 한 권의 그림책을 완성한다. 글과 그림을 같이 작업하면서 이렇게 완성도 높은 작품을 연달아 내기란 쉽지 않다. 보통 그림을 잘 그리면 글에 약하기 마련이고, 글을 잘 쓰면 그림이 약하기 마련이다. 그래서 글, 그림을 동시에 작업하는 작가들도 있지만, 글과 그림을 따로 작업해서 두 명이 완성하는 그림책이 많다. 한 그림책 출판사 대표는 늘 글과 그림을 동시에 작업하는 것보다 잘하는 한 분야를 하는 게 낫다고 한다. 하지만 그림책은 글, 그림 작가가 다를 경우 협업하는 과정이 쉽지 않고, 서로 만족스럽지 않은 작업물이 완성되는 경우가 많기 때문에 한 작가가 동시에 하는 경우가 적지 않다. 그래서 나는 이렇게 글과 그림을 같이 작업하면서 완성도가 높은 그림책을 내는 작가들을 보면 존경과 함께 신이 재능을 몰아서 준 것에 질투가 나기도 한다.

이 그림책은 씨앗과 열매라는 딱딱하고 건조한 정보 이야기를 시적인 글과 환상적인 그림으로 제대로 풀어냈다. 작가가 얼마나 식물을 사랑하면 씨앗을 아기라고 표현했겠는가. 표지를 살펴보면 '나무의 아기들' 제목 아래에 도토리 열매 아기들이 보인다. 나뭇잎을 단 도토리 가지를 들고 가는 도토리 아기, 도토리 열매 모자에서 떨어지고 있는 아기의 모습이다. 그리고 뒷면지에는 나무에서 기생하며 사는 겨우살이 아기의 모습이 담겼다. 겨우살이는 사시사철 푸른 잎을 가지고 도토리나무인 참나무나 밤나무 등에 더불어 사는 나무다. 잎은 그림처럼 마주나고 잎자루가 없는 것이 특징이다. 열매는 초록색의 동그란 모양인데, 작가는 열매 위에 마치 프로펠러처럼 마주난 잎자루를 그려서 겨우살이 열매 아기임을 보여 주고 있다. 이 그림들은 본문에 있는 그림으로, 그림 요소들을 다시 디자인해서 표지로 완성했다.

면지에는 흰색 바탕에 얼레지처럼 보이는 꽃잎과 풀잎을 들고 가는 아기들이 보인다. 식물의 구성 요소인 꽃과 잎을 보여 주고 있다. 또한 이 그림은 오른쪽 아래 구석에 그려 자연스럽게 '페이지 터너' 기능을 한다. 우리는 이 면지 그림을 보면서 귀여운 아이들의 몸짓에 살짝 미소를 지으며 뒷이야기가 궁금해서 재빨리 페이지를 넘기게 된다. 아마 영화나 드라마, 또는 콘서트장에서 피아노를 치는 연주자 옆에서 대신 악보를 넘겨 주는 사람을 본 적이 있을 것이다. 그들을 '페이지 터너'라고 부른다. 바로 이런 '페이지 터너' 기능이 그림책에도 존재한다. 책을 왼쪽에서 오른쪽으로 읽는 문화에서는 독자의 시선이 자연스럽게 왼쪽에서 오른쪽으로 움직인다. 또한 위에서 아래로 내려온다. 그렇기에 오른쪽 하단에서 독자들이 자연스럽게 다음 페이지로 넘어가도록 유도하는 것이 중요하다.

다음 표제지에도 작가는 마치 이불 속에서 뒤엉켜 있는 듯한 아기들의 귀여운 모습을 그려 넣었다. 이불처럼 보이는 이 나뭇잎은 바로 벽오동나무의 잎이다. 벽오동나무 열매는 돛단배 또는 보자기 모양의 '포엽'처럼 보이는 것에 4~5개의 콩처럼 생긴 열매를 갖는다. 포엽은 잎이 변한 것으로, 꽃이나 꽃받침을 둘러싸고 있는 작은 잎을 말한다. 처음 벽오동나무 열매를 만났을 때 작은 꽃과는 달리 커다란 포엽이 생기는 것에 너무 놀랐다. 누군가 벽오동나무의 경우 잎이 변한 포엽이 아니라 꽃의 암술 열매가 변해서 생긴 것이라고 알려 주었다. 매일 살펴보지 않고서는 그 과정을 알아내기 어려우니 누군가 그 과정을 영상으로 찍어서 보여 주면 좋겠다는 생각까지 했다. 작가는 본문에서 벽오동 열매를 배라고 비유했으며, 바람의 여행을 떠난다고 묘사하고 있다.

챙이 넓은 신생아 모자를 쓴 느릅나무 씨앗, 헬리콥터를 타고 가는 보리수 씨앗, 쌍둥이처럼 함께 붙어 날아가는 단풍나무 씨앗, 금빛 머리칼을 가진 무궁화 씨앗들의 모습을 잘 아는 이라면 이 책이 얼마나 사랑스러울지 알 수 있다. 이 그림책에 등장하는 다양한 나무 열매 아기들을 실제로 보지 않아서 잘 모르는 이는 이 글과 그림에 열광하기 어렵다.

지금은 수정했지만 그전에는 피나무 열매가 보리수 열매로 적혀 있었다. 출판사에 얘기했더니 일본 에이전시를 통해서 알아보고 수정해서 새로 인쇄된 책을 보내 주었다.

이 그림책에는 컬러가 총 두 장면에 들어갔다. 첫 번째는 도토리나무들이 등장하는 장면이고, 두 번째는 겨우살이 그림이 등장하는 장면이다. 작가는 왜 흑백 선 중심의 그림을 그리다가 갑자기

두 장면에다 색을 넣었을까 많이 고민됐다. 이 두 장면은 단조로울 수 있는 그림에 색을 넣어 변화를 주고, 강조를 주는 기능을 하고 있다고 생각됐다. 나중에 출판사 이야기를 들어 보니 이 그림책의 작가가 이 두 장면을 뒤에 그린 것이라고 한다. 이 책은 처음에는 동일본대지진으로 힘들어하는 아이들에게 용기를 주기 위해 작은 엽서 형태로 만들어졌는데, 나중에 그림책으로 작업되면서 두 장면이 들어간 것이다. 이 두 장면은 반복적인 글 패턴에 변화를 주었고, 열매에 클로즈업된 그림에서 줌아웃되어 숲이 보이면서 그림의 분위기를 바꾸는 역할도 하고 있다.

이 책의 마지막 역시 환상적이다. '모두 다시 만나게 될 것'이라는 글과 함께 씨앗들의 여행이 끝난 숲에 한 어린아이가 등장한다. 어린 식물의 줄기를 들여다보는 아이의 모습이 작게 보인다. 나는 이 장면을 보며 작가가 동일본대지진으로 힘들어하는 아이들에게 자연과 인간 삶의 순환을 보여 주면서 희망을 가지라고 말하는 것 같았다. 그리고 아이들과 숲속 열매 아기들을 연결해서 우리가 숲의 아름다움을 소중히 여기고, 관찰하고 사랑하기를 바란다고 짐작해 봤다.

동물과
대화해 본 적이 있나요?

- 가브리엘 뱅상 지음 | 별천지, 《어느 개 이야기》
- 권정민 지음 | 보림, 《지혜로운 멧돼지가 되기 위한 지침서》

나는 동물을 좋아하고 그들과의 교감을 믿는다. 어린 시절 집에 개가 있었고, 20대에 첫 번째 반려견, 40대에 두 번째 반려견을 키우다가 몇 년 전에 하늘로 보냈다. 특히 두 번째 반려견과는 정서적 교감이 굉장히 잘 이뤄졌다. 이 반려견의 이름은 미소였다. 미소는 조카 집에서 키우다가 열 살이 넘어서 내 반려견이 됐다. 조카 집에 있을 때도 일주일에 한 번씩 가서 산책과 목욕을 시켰더니 조카 가족보다 나를 더 따랐다. 한 달 동안 지방에 일이 있어서 가 보지 못했는데, 한 달 뒤에 만난 미소가 서럽게 짖고 울어 댔다. 그때 나는 미소가 하는 말을 또렷이 알아들을 수 있었다. 개가 무슨 말을 하는지 어떻게 아느냐고, 황당한 이야기라고 믿지 않겠지만, 당시 나는 그동안 왜 나타나지 않았냐고 원망하는 미소의 말이 똑똑히 들렸다. 미소는 평상시 전혀 짖지 않았다. 사연이 많아선지 조카네 집에 와서도 몇 년 뒤에서야 조금씩 짖기 시작했다. 그런 미소가 서럽게 짖어 대는 모습에 참 많이 놀라고 마음이 아팠다.

그림책《어느 개 이야기》는 떠난 나의 반려견을 생각나게 하는 글 없는 그림책이다. 표지에 뒤돌아서서 누군가를 응시하는, 사랑하는 반려인을 기다리는 개의 모습에서 절실함이 느껴진다. 이야기의 시작은 읽는 독자를 마음 아프게 한다. 달리는 차 안에서 버려지는 개, 그리고 그 차를 맹렬히 뒤쫓지만 차는 멈추지 않고 저 멀리 사라져 간다. 교차로에서 멈춰 선 개는 차가 어디로 갔는지 냄새를 맡아 보지만 찾을 길이 없다. 개는 이리저리 방황하다가 자동차 사고를 일으키기도 하고, 낯선 곳에 들어가기도 하지만 금세 쫓겨난다. 방황하는 개의 모습, 하늘을 향해 울부짖는 개의 모습 등이 마음을 먹먹하게 한다.

작가는 배경 없이 흑색 연필로만 개의 형태를 그렸다. 빠르게 그린 선은 개의 모습을 세세하게 보여 주기보다는 움직임을 통해서 개의 슬픔과 외로움, 혼란, 아픈 정서를 읽어 나갈 수 있게 한다. 텅 빈 도로 위 개의 모습이나 하늘을 보는 모습은 빈 공간이 있어 주인공 개의 슬픔과 외로움을 더욱 배가시킨다.

이야기의 마지막에서는 도로 위에 한 소년이 등장한다. 소년은 개를 향해 다가온다. 다가오는 소년의 얼굴에 웃음꽃이 피었다. 소년은 개를 찾고 있었던 것 같다. 하지만 곧 얼굴이 시무룩해진다. 소년이 찾던 개가 아닌 것 같다. 하지만 개는 소년에게 다가가 안긴다. 두 손을 올리며 흠칫 놀란 소년의 몸짓과 다르게 개는 꼬리를 흔들며 행복해한다. 그리고 그 모습은 편안하고 행복해 보인다. 이야기는 이렇게 끝난다. 소년이 개를 데리고 갔을지, 개가 어떻게 됐는지 알려 주지 않는다. 하지만 "제발 나와 함께해 줘."라고 말하는 개의 목소리가 들리는 것 같다. 그리고 제발 그렇게 됐으면 하는 바람이 커진다.

빠른 크로키로 그린 이 그림책은 사람에게 유기당한 개의 이야기를 담담히 담아내고 있다. 반려동물들은 온전히 주인에게 사랑을 준다. 특히 개는 더욱 그렇다. 그런 개가 버려졌을 때 하늘이 무너지는 심정이 아닐까. 지금 어디선가도 이런 일이 계속 일어난다는 사실에 가슴이 아려 온다. 글 없는 그림책이기에 결말의 해석은 다양해질 수 있다. 이런 부분이 글 없는 그림책의 매력이 아닐까 싶다.

동물의 아픔을 좀 더 유쾌하게 푼 그림책도 있다. 《지혜로운 멧돼지가 되기 위한 지침서》다. 이 책은 권정민 작가의 첫 작품이다. 그림과 글이 참 재미있다. 제목부터 위트가 있다. 지혜로운 멧돼지라니! 표지는 어미 멧돼지와 새끼 멧돼지가 아파트를 올려다보는 모습을 담았다. 새끼 한 마리는 이미 입구로 향하고 있다. 보통 멧돼지를 큰 덩치에, 산에서 인근 마을로 자주 내려와서 농작물을 해치는 무서운 동물로 많이 인식하는데, 이런 멧돼지의 모습과는 조금 어울리지 않는 분홍색의 배경 안에 그림을 넣어서 그림 속 멧돼지가 더 정감 가게 보인다.

이 이야기는 본문이 아니라 면지에서부터 이야기가 시작된다. 새끼들에게 젖을 먹이는 어미 멧돼지가 벼랑 끝에 다다랐고 굴착기가 그들을 금세라도 밀어낼 기세다. 면지를 넘기면 표제지도 재미나게 표현되어 있다. 책상 위에서 글을 쓰고 있는 멧돼지의 뒷모습이 보인다. 작가의 모습을 나타낸 것 같기도 하고, 멧돼지가 누군가에게 편지를 쓰는 것처럼도 보인다.

숲이 파괴되어 하루아침에 집을 잃은 멧돼지는 새끼들을 데리고 길을 나선다. '집이 없어져도 당황하지 말고 새 집을 찾을 것'이라는 첫 번째 지침을 보여 준다. 그리고 트럭 짐칸에 올라서는 멧돼지들의 모습과 함께 '힘들면 쉬어 갈 것'이라는 지침이 보인다.

이렇게 글과 그림이 서로 이야기를 확장, 강화해 준다. 이들은 도심 속 돼지들이 끌려가는 트럭을 보고 감사함을 느끼고, 식당에서 음식을 먹는 사람들의 모습도 구경하면서 욕심내지 않을 것을 다짐한다. 식당에서 사람들이 음식을 먹는 것을 구경하는 멧돼지들의 장면은 미국 화가 에드워드 호퍼의 대표작《밤샘하는 사람들(Nighthawks)》의 그림 구도를 가지고 왔다. 원작 그림에서는 도시민들의 외로움이 보이는데, 이 그림에서는 뷔페에서 음식을 먹는 인간을 멧돼지가 부러워하는 모습을 담았다. 작가가 인간의 음식에 대한 욕망을 비난하는 것처럼 보인다. 어미 멧돼지와 새끼들은 도시에서 다양한 사건들을 겪고 멧돼지 출현으로 놀란 인간들에게 쫓긴다. 궁궐로도 피하지만, 멧돼지들의 모습은 뉴스에까지 등장하게 된다. 이런 다양한 에피소드가 적절한 지침과 함께 읽는 내내 웃음을 준다. 하지만 그들은 겨울이 오기 전에 반드시 집을 마련해야 한다는 생각뿐이다. 드디어 조용하고 살기 좋은 곳을 찾아냈다. 그곳은 바로 인간들이 사는 고층 아파트다. 멧돼지들의 출현으로 부리나케 도망가는 사람들을 뒤로하고 그들은 한 아파트에 자리를 잡고 터전으로 삼는다. 드디어 그들이 고대하던 일이 완성됐다. 인간에 의해 숲에서 쫓겨난 멧돼지가 인간을 내쫓고 그들이 사는 아파트에 자리를 잡는 위트 있는 결말이다. 그리고 어떤 일이 벌어졌을 것 같은가? 뒷이야기는 더욱 재미있다. 앞면지처럼 뒷면지까지 가득 이야기를 담고 있으니 놓치지 않기를. 이 그림책처럼 인간들에게 서식지를 빼앗기고, 인간들의 터전을 차지하는 동물을 모습을 유쾌, 통쾌하게 그리기는 쉽지 않을 것이다. 현실은 여전히 많은 동물들이 무분별한 개발과 인간들의 행동으로 터전을 잃고 있기에 가슴 한편이 쓸쓸하다.

04

산책의 즐거움을 아세요?

- 윤석중 시, 이영경 그림 | 창비, 《넉 점 반》
- 이형진 글, 그림 | 느림보, 《숲의 길》

 직장을 그만둔 이후 매일 산책을 한다. 산책을 하며 풀과 나무, 그리고 곤충, 새들을 관찰하는 시간이 즐겁다. 자연을 만날 때마다 행복함을, 여유로움을 느낀다. 그림책 《넉 점 반》은 산책의 묘미를 보여 준다. 표지에는 여자아이가 뚱한 표정으로 호박 열매를 손에 쥐고 있으며, 개는 앞을 향해 보고 있다. 아이의 옷차림과 '넉 점 반'이라는 제목을 통해 시대적 배경을 짐작할 수 있다. 이 글은 근대 아동 문학가였던 윤석중이 1940년에 발표한 시다.
 시로 그림책을 만든다고 생각해 보자. 한 편의 짧은 시를 보통 본문이 16개의 펼침면인 그림책으로 만드는 일은 어떨 것 같은가? 대부분 좋은 시가 있으면 예쁜 그림을 넣어 그림책으로 쉽게 완성할 수 있으리라 생각한다. 하지만 시의 짧은 언어를 그림으로 표현한 그림책을 만드는 일이 쉽지만은 않다. 그래서 썩 훌륭하지 못한 결과물이 완성되기도 한다.

표제지 왼쪽(판권면)에는 어릴 적 우리 집 거실에 걸려 있던 커다란 괘종시계가 보이고, "그리움을 담아 우리의 어머니, 아버지께 바칩니다."라는 헌사가 쓰여 있다. '넉 점 반'이라는 제목과 당시 시대의 생활상을 보여 주는 괘종시계를 연결했다. 표제지에는 제목 '넉 점 반'을 세로로 넣었고, 분꽃이 조그맣게 그려져 있다. 본문 이야기에 나오는 소재들을 잘 디자인해서 완성하고 있다.

본문 첫 페이지에서는 왼쪽 상단에 호박꽃 줄기가 위에서 아래로 드리워져 있고, 오른쪽에는 아이가 오른쪽으로 걸어가는 모습이 보인다. 다음 페이지에는 '구복 상회'라는 간판을 건 가게가 보이고, 그 안으로 들어가는 아이의 모습이 보인다. 가게 그림을 자세히 들여다보면 재밌는 사실을 발견할 수 있다. 구복 상회, '아홉 가지 복'이 무엇일지 생각해 보면 좋겠다. 가게 앞에는 오늘날 부동산 중개소인 '복덕방' 표지판이 서 있고, 닭을 파는 모습도 볼 수 있다. 기르는 닭을 파는 모습 역시 눈길을 끈다. 지금과 다르게 근대

시대에는 물건을 파는 가게에서 복덕방을 겸하는 경우가 많았다. 시대적 배경인 근대임을 알 수 있는 요소다.

　이야기는 단순하다. 지금 몇 시인지 알아 오라는 엄마 심부름을 받은 아이가 구복 상회 주인 할아버지에게 가서 시간을 묻는다. 할아버지는 넉 점 반이라고 알려 주고 시간을 들은 아이가 집으로 돌아가는 이야기다. 당시 시계가 가정마다 있었던 게 아니라서 이런 이야기가 생겨날 수 있었다. 넉 점 반은 '네 시 반'을 말한다.

　첫 번째 펼침면 다음 장면에서는 방 안에서 고장 난 라디오를 고치는 할아버지를 문틈으로 살피는 아이의 모습이 보이고, 그다음 장면에서는 그림의 시선이 뒤로 옮겨져서 이번엔 가게 안과 아이의 뒷모습을 비추고 있다. 가게라는 한 공간을 계속 그려야 하므로 작가가 그림 시선을 어디로 어떻게 향하도록 해서 공간을 효율적으로 보여 주고 그림에 재미를 줄지 고민한 흔적이 보인다. 가게 안에 내가 어린 시절 봤던 다양한 물건들이 눈에 들어온다. 디딤돌 위에서 조는 고양이의 모습이나 하얀 백열등 전구, 파리채 등등의 익숙한 물건들이 보인다.

　시간을 들은 아이는 바로 집으로 가야 하는데, 집으로 돌아가지 않고, 물을 먹는 수탉도 구경하고, 죽은 지렁이를 옮기는 개미 떼를 구경한다. 그러면서도 "넉 점 반 넉 점 반."을 되뇐다. 이번엔 잠자리에게 한눈을 뺏기고 나중에는 분꽃 놀이에 빠진다. 아이는 아예 자리를 잡고 분꽃을 따 물고 피리를 분다. 분꽃은 꽃자루가 길어서 꽃자루 끝 씨방의 열매를 빼면 열매와 연결된 암술이 길게 빠진다. 어릴 적 아이들은 암술을 길게 빼서 귀에 걸고 귀고리 놀이도 하고, 그림책 아이처럼 암술을 빼서 피리로 불기도 했다. 아이는 놀면서도 시간은 잊지 않으려고 넉 점 반을 되뇐다. 흘러가는 시간을 붙잡는 아이의 모습이 귀엽다. 한참을 놀다가 집으로 들어가는 아이의 모습과 시간을 알려 준 할아버지가 아이를 떨떠름한 표정으로 쳐다보는 장면에서는 웃음이 터진다. 아이의 집은 할아버지 가게 바로 앞이었다. 집에 들어선 아이는 당당하게 말한다.

"엄마 시방 넉 점 반이래."

아이 말을 들은 엄마 표정이 압권이다. 식구들은 모두 저녁 식사를 하고 있다. 그림에서 많은 재미를 준다.

아이는 동네 산책길에서 다양한 동식물을 만난다. 그들을 세심히 관찰하며 시간을 보낸다. 그때 아이의 표정은 그것들에 몰입해 있다. 산책의 좋은 점은 많지만 자연을 관찰하는 과정에서 몰입하는 기쁨이 가장 크지 않을까 생각된다. 생명에 대한 탐색과 몰입은 자연을 통해 얻을 수 있는 가장 큰 힘일 것이다.

여기 또 다른 산책의 묘미를 알려 주는 책이 있다. 산책을 하다 보면 좁은 길들이 많이 보인다. 그림책《숲의 길》은 우리가 숲을 산책할 때 만나는 다양한 길을 보여 준다.

앞표지 나무 그림은 시선(카메라 앵글의 시점)이 아래에서 위를 올려다보고 있다. 나무들이 촘촘히 심겨 있는 숲 가운데서 하늘이 보이고, 그 옆에는 달리는 아이가 보인다. 뒤표지 그림 역시 시선이 아래에서 위를 보고 있고, 나뭇잎으로 가득 채우고 있다. 숲의 전체와 일부분을 줌아웃과 줌인으로 보여 주면서 대비를 이룬다. 표지 그림이 매우 인상적이다.

이 그림책은 면지에서부터 이야기가 시작된다. 그렇기에 면지를 그냥 지나치면 안 된다. 그림책은 보통 본문이 16개의 펼침면(총 36쪽)으로 길지 않게 구성되므로, 이야기를 담는 데 많은 장치들이 필요하다.《숲의 길》처럼 본문에 내용을 다 담기 어려워서 면지에서부터 이야기를 시작하는 경우도 많다.

면지에는 숲이 보이고, 뛰어가는 두 아이, 그리고 강아지, 도로 위의 자동차가 보인다. 자동차에만 빨간색이 들어갔고, 나머지는 모두 검정과 가까운 어두운색으로 표현됐다. 숲으로 달려가는 아이들의 움직임이 무척 신나 보인다. 그리고 "자동차는 갈 수 없지만 우리는 갈 수 있는 길"이라고 적혀 있다. 그렇다. 숲의 길은 자동차로는 갈 수 없는 길이다. 면지에서 이 책의 주제를 말하고 있다.

본문 첫 페이지에서는 산 가까이 다가간 아이들의 모습을 보여 준다. 그리고 산을 오르는 할머니의 모습과 약수를 기르는 사람의 모습도 보인다. 숲은 여전히 어두운 검은색으로 표현되고 있다. 그림은 종이를 찢어 붙이는 콜라주 기법을 활용했다. 다음 페이지에는 등산로를 따라 오르는 아이들이 보인다. 그리고 새로운 색이 등장한다. 노란색이다. 사람들이 다닌 길에 노란색이 칠해져 있다. 이 그림책 앞부분에서는 각기 다른 이유로 산을 오르는 할머니, 아빠, 삼촌의 모습이 보인다. 그리고 산을 오르는 사람들의 길을 노란색으로 표현해서 시각적으로 눈에 띄게 하고 있다. 노란색이 명도가 높은 색이기에 눈에 잘 띈다. 일반적인 노란색은 명도와 채도가 높아서 배경이 없으면 눈에 잘 띄지 않는다. 그래서 주황색을 섞은 노란색(골든 옐로)을 써서 더욱 시각적으로 선명하게 보이도록 했다. 그런데 아이들이 강아지를 따라 어른들이 가는 길이 아닌 다른 길로 간다. 삼촌도 모르는 자신들만 아는 길로 간다.

아이들은 늘 정해진 코스로 산을 오르고, 운동, 약수 뜨기 등 무언가를 해야 하는 어른들과 달리 새로운 길을 탐색한다. 동적이고 자유로운 아이들의 특성을 잘 보여 준다. 그리고 이 일에서 강아지의 역할이 크다. 강아지 이름은 '까불이'다. 까불이는 이름대로 장난꾸러기다. 그래서 숲에서도 까불거리며 마음껏 탐색하고 자유롭게 다닌다. 아이들은 까불이를 따라 까불이만 아는 숲의 길로 따라간다. 이제 어른들이 다니는 길뿐만 아니라 아이들과 강아지에게도 노란색이 칠해졌다. 그 뒤를 이어 다람쥐가 아는 길, 그리고 오소리, 족제비, 개미들만 아는 길이 등장한다. 물론 그 길도 노랗게 표시된다.

숲의 길은 사람들이 다니는 길만 있는 것이 아니라 다람쥐, 오소리와 같은 동물의 길, 개미와 같은 곤충의 길이 있다는 것을 알 수 있다. 이런 길을 찾아낸 작가의 시선이 신선하다. 그림에서도 다양한 색을 쓰지 않고, 빨간 자동차, 노란 길과 아이들, 파란 물길로 삼원색의 상징성과 이야기를 잘 연결해 선명하게 보여 준다. 삼원색뿐만 아니라 동양 문화적인 측면으로 봤을 때 오방색이 쓰인 것을 알 수 있다. 오방색은 오행의 방위에 따른 색인데, 방위와 계절을 나타낸다. 파랑은 동쪽, 봄을 나타내며, 하양은 서쪽, 가을을 나타낸다. 빨강은 남쪽, 여름을 나타내고, 검정은 북쪽, 겨울을 나타낸다. 그리고 노랑은 중앙을 의미한다. 작가가 오방색을 연결해서 그림을 그린 것인지 정확히 알 수는 없지만 그림책 전체에서 오방색의 다섯 색이 보인다. 표지 그림에도 이 색들이 잘 표현되어 있다.

이제 새로운 길이 나온다. 파란색으로 표현된 길은 바로 물의 길이다. 땅속 물길은 나무 위로 올라간다. 우리가 생각지 못한 숲의 길, 물의 길이 나온다. 그리고 묻는다. "그 길은 어디까지 이어져?" 물길은 나무줄기를 따라 나뭇잎까지 이어진다. 이 장면과 다음 장면은 모두 시선이 아래에서 위로 향하고 있다. 나무들과 나뭇잎들이 하늘 가득 채워 숲의 웅장함을 느끼게 한다. 드디어 나뭇잎도 초록색으로 색칠됐다. 그리고 알록달록 나뭇잎들이 바람길을 따라 날아가는 모습이 보인다. 바람길을 보니 내 가슴도 뚫리는 느낌이다.

그런데 다음 장에서는 갑자기 날아가던 나뭇잎이 흩어지고 길이 막혀 버렸다. 오른쪽에는 앞으로 향하는 빨간 자동차가 반 정도 보인다. 다들 다음 장면이 어떤 모습일지 짐작할 수 있을 것 같다. 우리가 예상한 대로 산을 뚫고 길이 만들어졌다. 그 길에는 버스, 자동차, 트럭 등이 다니고 있다. 우리는 갈 수 없는 길, 자동차만 다니는 길이 나왔다. 이렇게 그림책은 끝난다. 마지막 장면에서 무언가 뚝 끊긴 느낌이다. 하지만 앞면지와 뒷면지를 연결해 보자. 두 글이 대구를 이룬다.

"자동차는 갈 수 없지만 우리는 갈 수 있는 길"

"우리는 갈 수 없는 길, 자동차만 가는 길"

작가는 앞과 마지막에 서로 대조되는 문장을 넣어 글의 이야기 구조를 선명하게 보여 주고자 했던 것 같다. 하지만 즐겁게 산책을 하다가 갑자기 길이 막히고, 고속도로가 나타나는 현실을 보니 기분이 유쾌하지 않고 마음이 불편한 것은 왜일까? 마치 판타지 세계에서 신나게 놀다가 답답한 현실로 되돌아온 느낌이다.

곤충의 길에 이어, 물의 길, 바람의 길이라니. 이름만으로도 시원하고 느낌이 좋다. 이런 시선을 발견하고 오방색으로 계절과 방위를 함께 표현한 작가에게 박수를 보낸다.

산책의 좋은 점은 많지만
자연을 관찰하는 과정에서
몰입하는 기쁨이
가장 크지 않을까 생각된다.
생명에 대한 탐색과 몰입은
자연을 통해 얻을 수 있는
가장 큰 힘일 것이다.

나무 하나에
무엇이 담겨 있을까요?

- 김장성 글, 김선남 그림 | 사계절, 《나무 하나에》
- 재니스 메이 우드리 글, 마르크 시몽 그림 | 강무홍 옮김 | 시공주니어, 《나무는 좋다》

    예전에 숲해설을 할 때 나는 이 나무 이야기를 꼭 그림책으로 만들고 싶었다. 수많은 백성을 돌보는 어진 성군 같기도 하고, 줄줄이 딸린 어린 자식들을 먹여 살리는 부모 같기도 한 나무, 바로 많은 생명을 살리는 도토리나무(참나뭇과)다. 나는 도토리나무에 많은 곤충과 벌레가 모인다는 얘기를 듣고 어떻게 풀어내면 좋을까 고민만 하다가 끝내 풀지 못했다. 그런데 어느새 김장성, 김선남 두 작가가 재치 있고 아름답게 이 나무 이야기를 그림책으로 잘 담아냈다.

어찌 보면 이 이야기는 한 소년에게 잎과 열매, 줄기, 밑동까지 내어 주며 자신의 모든 것을 주는 셸 실버스타인의 《아낌없이 주는 나무》와도 비슷하다. 사과나무가 소년을 위해서 모든 걸 내어 주는 모습과 도토리나무가 모든 생명체를 키우는 모습이 자연스럽게 겹친다.

앞표지에는 커다란 도토리나무의 모습이 확대되어 그려져 있다. 앞표지와 뒤표지는 그림이 분리되어 있으며, 뒤표지에는 나뭇잎을 단 가지 하나 그림과 함께 "생명을 품는, 생명을 기르는, 생명을 이루는 나무 이야기"라고 적혀 있다. 사실 숲의 모든 나무가 많은 생명을 품고, 기르며, 이루고 있다. 하지만 유독 이 나무는 정말 많은 생명을 품고 산다.

면지에는 하얀 바탕색에 이 나무가 생명을 나눠 주는 대상인, 새, 다람쥐, 개미와 무당벌레, 매미 등의 곤충들이 그려져 있다. 표지의 나무 그림과 면지의 다양한 곤충과 동물들의 그림이 자연스럽게 연결되며 읽힌다.

본문 첫 번째 펼침면 왼쪽에는 배경색 없이 글을 담았고, 오른쪽에는 커다란 나무 한 그루가 그려져 있다. 두 번째 펼침면에는 그림이 전체 장면으로 그려져 있다. 이 책은 전체적으로 이러한 두 펼침면의 구성이 반복되는 구조로 되어 있다.

반복되는 첫 번째 펼침면에서는 왼쪽에 나무 하나에 '구멍 하나', '둥지 하나', '벌레 자리 하나', '벌집이 하나'와 같은 글이 패턴처럼 반복적으로 쓰여 있다. 반면 반복되는 두 번째 펼침면 오른쪽에는 "구멍 속에 사는 다람쥐 다섯", "둥지 속 갓 깬 아기들이랑 엄마랑 아빠랑 오목눈이 여덟" 등과 같이 그 속에 사는 수많은 곤충과 동물들을 알려 준다. 이야기가 뒤로 갈수록 동물과 곤충의 수는 점점 늘어나며, 다섯에서 시작된 수는 이백, 삼백, 사백…… 헤아릴 수 없는 수로 나아간다.

글의 구조가 이렇다 보니 그림이 단조로울 수밖에 없다. 첫 번째 펼침면 오른쪽에는 계속 나무 하나의 그림이 들어가고, 두 번째 펼침면에는 전체 그림이 들어가는 구조다. 움직이지 못하는 나무니 장소를 변경할 수도 없고, 나무가 자라는 데에는 많은 시간이 걸리니 형태를 바꿀 수도 없다. 그림 작업이 쉽지 않았을 테다.

글과 그림의 작가가 다른 경우 주로 글 작업부터 시작된다. 그럴 경우 그림 작가는 글을 읽고, 이미지를 떠올려야 하는데, 어떤 그림을 그릴지 결정하는 일이 쉽지 않다. 이 글의 경우와는 다르지만, 일반적으로 그림책의 글은 많은 사건을 포함하기도 하고, 시간적, 공간적 배경이 여러 개인 경우도 있다. 그러니 그 많은 사건 중 어떤 지점의 그림을 그릴지 고민하게 된다. 또한, 글이 적으면 적은

대로 그릴 거리가 없어 고민이기도 하다.

이 그림책의 그림 작가는 글의 단조로움을 줄이기 위해 프레이밍을 효과적으로 쓰고 있다. 앵글의 높이를 조절하거나, 렌즈의 거리를 조절하는 줌인, 줌아웃 방식으로 다양한 효과를 내고 있다. 각 첫 번째 펼침면 '나무 하나의' 오른쪽 그림을 처음에는 전체적으로 보여 주다가 점점 줌인하면서 나무 가까이 다가가는 그림으로 변화를 주었다. 나무 전체의 모습에서 나무줄기의 수피가 확대된 모습으로 그림이 변화된 것이다. 그리고 각 두 번째 펼침면에는 앵글의 각도를 위, 정면, 아래로 자유롭게 바꾸어 시선을 다양하게 변화시켰다. 또한 색감을 풍부하게 넣어서 그림을 훨씬 생동감 있게 표현했다.

이 그림책의 '나무 하나'는 앞서 말했듯이 도토리나무라 불리는 참나뭇과 나무다. 참나뭇과 나무들은 형제들이 여럿이 있다. 졸참나무, 갈참나무, 상수리나무, 떡갈나무, 신갈나무, 굴참나무뿐만 아니라 비슷하게 생긴 친척 나무들도 많고, 이들 간의 잡종 나무들도 많다. 이 그림책 나무는 잎자루의 길이나 잎의 모양을 보아 신갈나무 같아 보인다. 신갈나무는 경기나 서울 쪽인 수도권에서 쉽게 볼 수 있는 도토리나무다.

도토리나무는 유독 다른 나무보다 많은 곤충들이 꼬인다. 나뭇잎에는 부전나비 종류와 거위벌레가 알을 낳는다. 거위벌레는 '가위벌레'라고 불리는 게 나을 정도로 가위처럼 큰 턱을 가지고 있는데, 그 턱으로 알을 낳는 자리인 도토리 나뭇잎을 재단해서 이불같이 돌돌 말아 놓는다. 돌돌 말린 나뭇잎 뭉치를 펼쳐 보면 그 기술에 혀를 내두를 정도로 놀랍다. 알에서 나온 거위벌레 애벌레는 돌돌 말린 나뭇잎을 갉아 먹고 자란다. 또 다른, 도토리거위벌레는 도토리에다 알을 낳는 곤충인데, 도토리가 다 익기 전에 각두(도토리모자)에 알을 낳는다. 3~4일 뒤 알에서 깬 애벌레는 도토리를 먹고 자란다. 개미, 노린재, 무당벌레, 사슴벌레, 장수풍뎅이 등과 같은 셀 수 없는 곤충들은 도토리나무의 나뭇진을 먹으며 살아간다. 보통 나뭇진은 낮보다는 밤에 더 많이 나온다. 그래서 이 그림책에서도 낮이 아닌 밤에 나뭇진을 먹기 위해 달려든 곤충들을 그리고 있다. 오래전 이 얘기를 들었을 때 나는 도토리나무가 우주 같다고 생각했다. 그림을 그린다면 무수한 별들을 감싸고 있는 광활한 우주의 모습으로 그리고 싶었다.

  이 책의 마지막 이야기는 "그리고 낮고 높은 산 속에 그 많은 식구들을 다 데리고 사는 꼭 그런 나무가 몇백, 몇천, 몇만……."이라는 글과 줌인했던 그림이 다시 점점 줌아웃 되면서 광활한 숲의 모습을 펼침 삽지를 활용해 보여 준다. 펼침 삽지는 펼침면 양쪽에 판형의 종이보다 큰 종이를 접어 넣는 방법인데, 이 그림책에서는 오른쪽 펼침 삽지를 통해 광활한 숲의 이미지를 보여 주고 있다. 많은 나무에 다양한 곤충이 살지만 참나무류에서는 대략 400여 종의 곤충이 더불어 살아간다고 한다.

 이 그림책을 볼 때마다 그림 작가가 왜 왼쪽 가지 하나가 오른쪽으로 틀어진 나무를 주인공으로 삼았는지 궁금하다. 보통 나무들의 가지는 줄기를 중심으로 방사형으로 곧게 뻗어 나간다. 많은 나무가 그렇다. 하지만 이 그림책 속의 도토리나무처럼 가지가 반대 방향으로 휘어서 자라는 경우도 간혹 볼 수 있다. 외부적 요인 때문이다. 그림 작가 자신이 관찰한 나무가 이런 모양이라는 단순한 이유일 수도 있겠지만 나에게는 이렇게 가지가 휜 도토리나무여서 이 그림책이 더 좋았고, 의미가 더 크다. 도토리나무가 모든 것을 완벽하게 다 갖춘 엄친아와 같은 이미지가 아니기 때문이다. 이 나무가 휜 가지를 가져 완벽하지 않고, 무언가 결핍이 있을 수 있지만 많은 이들을 품을 수 있다는 것을 보여 주는 것 같다. 그래서 완벽하지 못하고, 부족한 우리들에게도 더 큰 용기와 희망을 주려고 한 게 아닐까.

 나는 이 그림책을 보며 누군가에게 아낌없이 줄 수 있는 게 무엇인지 생각해 봤다. 생각보다 많지 않음에 놀랐다. 나무보다 못한 삶을 사는 것 같다. 유독 사람들이 더 따르고 좋아하는 이들이 있다. 어쩌면 그들은 도토리나무처럼 아무런 조건 없이 사랑을 내주고, 그들의 많은 것들을 내어 주기 때문인지도 모르겠다.

당신은 나무를 좋아하는가? 왜 나무를 좋아하는가? 그림책 《나무는 좋다》는 나무가 좋은 이유에 대해 알려 주고 있다. 이 그림책은 나무줄기의 이미지를 살리기 위해 세로로 긴 판형으로 구성됐다. 그림책에서는 그림책의 모양과 크기인 판형도 중요하다. 판형에 따라 글과 그림의 느낌을 더 잘 담아낼 수 있기 때문이다. 표지는 앞면과 뒷면이 연결된 그림으로 그려져 있다. 아이가 묘목에 물을 주는 모습, 높은 나무에 오른 고양이의 모습과 고양이를 올려다보는 개의 모습이 그려져 있다. 그리고 그 뒤에 활엽수 같은 아름드리나무가 그려져 있다. 이 그림들은 모두 본문 그림과 유사하다. 예전에는 그림책의 표지를 본문의 그림들 중 가장 적합한 요소들을 뽑아서 재배치해 디자인한 경우가 많았다. 최근 그림책에서는 표지의 중요도가 커지면서 본문 외 새로운 그림으로 하는 경우가 많다. 다시 표지 얘기로 돌아와서 한번 고민해 보자. 왜 나무에 물을 주는 아이의 모습일까? 이 정도까지 얘기를 듣고 입속에서 "아하!" 하는 탄식이 나왔다면 당신은 '센스 만점'이라는 소리를 제법

들었을 거다.

이 책은 제목과 본문에 모두 교훈적인 이야기를 담고 있다. 그렇기에 나무를 잘 가꾸고 키우는 아이의 모습이 표지 앞쪽에 그려졌을 것이다. '나무가 좋다'는 '나무를 잘 키우고 가꾸어야 한다'와 같다는 등식을 성립하고 있다.

본문을 천천히 읽으며 생각해 보자. 본문은 컬러-흑백-컬러-흑백 형식으로 그림이 진행된다. 본문 첫 장면은 전체 숏으로 그려졌다. 울창한 숲 아래 팔베개를 하고 누워 있는 남자의 모습이 조그맣게 보인다. 그림 시점이 위에서 내려다보는 하이앵글(부각)이기에 숲은 거대하고 인간은 아주 작은 존재로 보인다. 글은 "나무는 하늘을 한가득 채운다."라고 적혀 있다. 다음 장면은 흑백이다. 한 아이가 강가에서 낚시하고 있고, 그 아이 옆에는 우리나라에서도 흔히 볼 수 있는 버드나무가 보인다. 버드나무가 줄기를 길게 늘어뜨린 걸 보니 수양 버드나무일 것이다. 줄기가 길게 뻗는 나무에다 '수양'이라는 접두어를 붙인다. 수양 벚나무 이렇게 말이다. 버드나무는 물가를 좋아하는 나무다. 그래서 물가 근처에서 잘 자란다. 어느 식물학자는 버드나무가 지금은 많이 볼 수 없지만 옛날에 우리나라에 가장 많이 서식했던 나무라면서 우리나라를 대표하는 나무여야 한다고 말했다.

다음 장면에서는 다양한 나무 수종들로 이뤄진 숲이 보인다. 나무가 모여 숲을 이룬다는 사실은 누구나 알고 있을 것이다. 하지만 '나무가 세상 모든 것을 아름답게 한다'는 사실에 모두 동의할까? 정말 나무를 좋아하지 않고는 쓸 수 없는 글이다. 작가가 나무를 얼마나 사랑하는지 알 수 있는 대목이다. 그 뒤 나무의 좋은 점을 나열하고 있다. 나무가 잎이 있어서 좋고, 그런 나뭇잎들이 흔들리며 속삭여서 좋다고 한다. 이런 작은 흔들림에 좋다는 사람은 적어도 나무를 좋아하거나 숲 가까이에서 나무를 관찰한 사람이다. 나 역시 나뭇잎의 흔들거림을 좋아한다. 늦은 밤이나 새벽 가로등이나 달빛에 흔들거리는 나뭇잎들을 보면 빛 반사가 아름다운 보석 같다. 잎자루가 긴 나뭇잎들은 더 많이 흔들거린다. 사시나무와 같은 나뭇잎들은 뒷면 기공이 발달해서 햇볕에 반사되면 잎 뒷면이 더욱더 하얗게 보인다.

이어서 작가는 가을 낙엽 속에서 놀 수 있어 좋다고 한다. 이 장면에서는 노랑, 빨강, 갈색과 같은 다양한 단풍과 낙엽을 태우는 냄새가 그려져 있다. 영화 《러브레터》 속 한 장면이 떠올랐다. 영화 속 주인공의 할아버지는 정원에서 낙엽을 태우며, 주인공이 태어난 날 주인공의 이름과 똑같은 나무를 정원에 심었다고 말한다. 편지를 읽는 주인공을 배경으로 화면을 채운 하얀 연기와 타는 낙엽,

크고 작은 수많은 나무가 빼곡히 심어진 정원의 모습이 참 평온하고 아름다웠다. 풋풋한 첫사랑에 대한 영화라 이야기도 좋았지만 주인공의 정원이 더 기억에 남았다.

이어지는 장면들에서는 '나뭇가지를 타고 올라가서 놀 수 있어서 좋고, 사과를 딸 수 있어서 좋고, 새는 둥지를 지을 수 있어서 좋고, 고양이는 나무에 올라 개를 피할 수 있어서 좋다'는 등 좋은 점들을 셀 수 없이 보여 준다. 그림에서 재밌는 요소로는 앞 장면에 나왔던 개집 지붕이 그다음 장면에서 겨울바람에 날아가 사라진 모습으로 그려진다. 개집 지붕이 날아가자 놀란 개의 표정이 웃음을 자아낸다.

이 그림책에서 계절인 봄, 여름, 가을, 겨울이 순차적으로 그려지지는 않았다. 봄이 등장했다가 가을이 등장하고, 다시 봄 풍경처럼 보이다가 여름 풍경이 보인다. 그리고 눈보라가 치는 겨울이 등장한다. 그리고 나무를 심고 가꾸는 아이들의 모습이 4개의 작은 그림으로 등장한다. 그리고 "저 나무는 내가 심은 거야!"라는 글이 이 책의 주제를 잘 나타내 준다. 자신이 돌본 나무를 가리키며 어린 동생에게 자랑스럽게 말하는 아이의 모습과 문구에서 우리는 이 그림책이 나무를 심고 가꾸는 일이 얼마나 중요한 일인지 다시 한번 강조한다는 것을 알 수 있다. 그리고 그 작은 아이도 자기 나무를 심는 것으로 끝난다.

 이 그림책은 나무의 좋은 점을 사람, 동물 등 다양한 입장에서 알려 주고 있다. 큰 장점도 있지만 아주 작고 세세한 장점까지 늘어놓고 있다. 더군다나 나무와 함께 살아가는 사람들의 모습과 동물들의 모습이 자연스럽게 그려져서 좋다.

 논픽션(정보) 그림책이면서 이 그림책이 픽션(이야기) 그림책처럼 느껴지는 것은 그림에서 주는 소소한 재미와 색의 배열 때문이다. 그림에 컬러-흑백을 반복적으로 사용한 것은 색의 휴지기(일정 기간 멈춤)로 썼다고 생각한다. 모든 장면에 색을 넣었다고 생각해 보자. 가을과 빈 겨울 나뭇가지를 빼고 나무는 주로 비슷한 초록과 갈색으로 칠해질 것이다. 반복적으로 색이 보이는 것보다 휴지기를 넣어 그림의 강약을 만들면서 독자의 시선을 잡으려는 의도가 아닐까.

 어린 시절, 옆 동네 아저씨의 집 마당에는 커다란 뽕나무가 있었다. 어찌나 컸던지, 동네 아이들이 모두 매미처럼 뽕나무에 매달려 열매를 따 먹었다. 오디(뽕)가 익어 갈 때면 마당에는 늘 오디 열매가 까맣게 떨어져 있곤 했다. 우리의 입술과 혀를 까맣게 물들이고, 손과 옷을 빨갛게 물들였다. 더러워진 옷 때문에 집에선 늘 혼이 났지만, 뽕나무 아저씨는 어지간히 시끄러웠던 우리들을 한 번도 내쫓지 않았다. 지금도 그 뽕나무 집이 떠오른다. 지금 그 자리에 나무와 집이 온데간데없지만 그 길을 걸어가면 걸음을 멈추고 나무에 붙어서 오디를 따 먹던 아이들과 어린 시절 나를 떠올리며 미소를 짓게 된다.

06

캠핑을 가고 싶나요?

- 김중석 그림책 | 사계절, 《나오니까 좋다》
- 김지현 지음 | 웅진주니어, 《지난 여름》

    김중석이 그리고 글을 쓴 그림책 《나오니까 좋다》는 갑자기 유행된 바이러스로 인해 바깥 활동이 어렵고, 나가지 못하는 시기에 눈길이 간다. 정말 나가기만 해도 좋을 것, 아니 살 것만 같은 때다. 표지는 앞, 뒤가 연결된 그림으로 숲길을 가로질러 자동차가 오른쪽으로 향하고 있고, '나오니까 좋다'라는 제목이 보인다. 자동차에는 고슴도치와 고릴라가 타고 있으며, 짐을 가득 실은 모습이다. 뒤표지에는 "숲에 와서 좋다. 함께여서 좋다."라는 문구가 보인다. 숲은 주로 초록색으로 칠해져 있지만 그 안을 자세히 들여다보면 노랑, 갈색, 연둣빛 등 다양한 색이 보이고, 여러 마리 뱀들도 눈에 띈다.

숲에 가서 화들짝 놀라는 때가 바로 뱀을 만날 때다. 산책길에서 돌담에서 유유히 몸을 말리는 뱀을 보고 깜짝 놀란 경험이 있다. 인간에게는 뱀을 두려워하는 유전자가 있다고 한다. 선조부터 뱀에 자주 물려서 그런 유전자를 갖게 됐고 그 유전자로 인해서 더욱 뱀을 무서워한다는 거다. 물론 어릴 때부터 학습된 요인도 분명히 있겠지만 말이다.

하늘색 계열의 면지를 넘기면 바로 이야기가 시작되는 본문 페이지로 연결된 듯하다. 첫 본문 페이지에는 왼쪽 면에 콧구멍을 쑤시면서 심심하다며 캠핑을 가자는 고릴라의 모습이 등장하고, 글도 내용처럼 고릴라 위에 자연스럽게 배치되어 있다. 오른쪽 면에는 그림이 아무것도 없지만 "캠핑?"이라는 글이 보여서 누군가가 고릴라의 말을 듣고 대답하는 것을 알 수 있다. 표지에서 나온 고슴도치일 가능성이 크다. 두 번째 펼침면에는 고릴라의 모습은 없고, "응! 캠핑!"이라고 말하는 고릴라의 대꾸만 보이고, 고슴도치가 오른쪽 면 하단에서 열심히 일하는 모습이 그려져 있다. 세 번째 펼침면부터 고릴라와 고슴도치가 함께 등장하고, 고릴라는 자신이 모든 일을 하겠다며 바쁘다는 고슴도치를 꼬드겨 캠핑을 가자고 한다. 그렇게 본문이 시작됐다고 생각했는데, 다시 표제지가 등장한다. 표제지 그림에서 둘은 캠핑을 떠난다. 본문처럼 시작된 3개의 펼침면은 본문이 아니라 이야기의 시작을 알려 주는 역할을 하고 있다. 캠핑을 이제 막 떠나면서도 고슴도치는 집에 가고 싶다고 투덜댄다.

본문 앞쪽에서 둘은 바쁜 도시를 지나 숲으로 들어가고, 길을 헤매다가 드디어 캠핑장에 도착한다. 이 그림책에는 고슴도치와 고릴라의 대화만 담겨 있고 지문이 없다.

"이걸 언제 다 정리해? 조금만 기다려. 내가 곧… 낑낑"

둘은 캠핑장에서 도착해서도 계속 티격태격한다. 잔소리가 많은 고슴도치, 모든 것을 다 한다고 하지만 뭔가 어설픈 고릴라. 투덜대는 고슴도치와 달리 고릴라는 텐트를 치고, 나무에 해먹도 걸며 나름 캠핑 분위기를 내려고 한다.

"나오면 재미있다더니 벌레도 많고 춥고 심심하잖아. 이게 무슨 캠핑이야. 배고파, 배고파. 밥 줘~"

고슴도치의 말처럼 텔레비전이나 사진으로 보는 캠핑은 아름답고 즐거워 보이지만 실제 캠핑은 그렇지 않은 경우도 많다. 캠핑을 가려면 준비해야 할 것도 많고, 도착하면 해야 할 일이 많아 고되기도 하다. 텐트를 치는 일도 어렵고 무엇보다 숲에는 우리를 성

가시게 하는 곤충과 벌레도 많다.

저녁만큼은 제대로 차리겠다던 고릴라는 고슴도치에게 물을 떠 달라고 하고, 벌을 보고 놀라며, 이것저것 고슴도치의 도움을 받더니 어렵게 저녁 식사를 준비한다. 둘의 이런 모습이 웃음을 자아낸다. 두 주인공이 눈에 띄게 다른 체형과 성격의 캐릭터로 이야기의 재미를 높인다. 이야기는 중반부를 넘어 절정에 다다른다. 이제 드디어 맛있는 저녁 밥상이 차려졌다. 둘은 맛있는 음식을 먹으며 즐거운 시간을 보내고, 날이 저문다.

드디어 밤이 되고 그들은 별이 가득한 밤하늘의 풍경을 보며 차를 마신다. 캠핑장에 오기까지 그리고 저녁 식사 전까지 분주했던 모습과 반대로 이 시간만큼은 정말 고요하고, 평안해 보인다. 이 짧지만 행복한 시간 때문에 캠핑이 힘들어도 다시 가게 되는 게 아닐까. 다음 그림에서는 시선이 하늘 위로 올라가서 텐트와 숲이 줌 아웃 되어 있다. 숲과 하늘의 모습이 전체적으로 보이는데, 반짝이는 별들이 가득한 밤하늘과 숲의 풍경이 아름답다. 밤하늘의 별은 물감 위에 소금을 뿌려 물감의 색을 빼서 완성했다.

이야기의 후반부에는 상황이 바뀐다. 숲에 캠핑하러 가기 싫어했던 고슴도치가 아침 일찍 일어나 숲의 동식물과 만나며 행복해하는 모습이 보인다. 고슴도치는 텐트를 정리하는 고릴라에게 "여기

너무 좋다!"고 말하고, 고릴라 역시 "나오길 잘했지?"라고 묻는다.

아마 캠핑을 갔던 사람이라면 다들 공감할 것이다. 이상하게도 캠핑장에서 먹는 음식은 다 맛있고, 아침 공기도 좋아서 늦잠을 자지 않게 된다. 그래서 아침부터 숲 주변을 어슬렁거리며 걸어 다니면서 하루 더 있지 못함을 아쉬워한다. 돌아와서는 안 좋았던 기억보다 좋았던 기억만 남아 다시 캠핑을 떠나고 싶다.

우리가 즐거웠다고 생각하는 기억은 사실 아주 짧은 한순간이다. 그 순간들이 더 즐겁고 행복했다고 기억하는 이유는 짜증 나고 힘들었던 순간과 자연스레 비교되기 때문이 아닐까.

마지막 장면에서는 둘이 숲을 떠나 보이지 않고 "길이 이상해. 이 길 맞아?"라는 글만 보인다. 뒷이야기가 궁금해진다. 또다시 길을 잘못 들어 헤매는 고릴라와 투덜대는 고슴도치가 보이는 것만 같다. 숲을 떠나는 장면의 바로 앞 장면은 집으로 되돌아가는 장면인데 왜 오른쪽에서 왼쪽으로 가는 모습으로 그려지지 않았나 생각했다. 대체로 왼쪽에서 오른쪽으로 글을 읽는 문화에서 그림읽기 문법상 낯선 곳으로 떠날 때는 왼쪽에서 오른쪽으로, 익숙한 곳으로 돌아올 때는 오른쪽에서 왼쪽의 방향으로 그려진다. 마지막 장면에서 집이 아닌 다른 곳으로 가며 길을 잃은 주인공들의 모습을 보면서 작가가 방향성까지 생각하며 그렸구나 생각할 수 있었다.

이 그림책의 그림은 수채화 물감과 사인펜, 그리고 재질감이 있는 다양한 재료를 사용해 숲의 질감을 보여 준다. 이 그림책에서 가장 마음에 드는 부분을 꼽으라고 하면 바로 나무의 색이다. 숲을 오랫동안 들여다보면 나무들의 다양한 초록색이 보인다. 기공이 발달한 잣나무는 초록빛에 흰색이 더 들어가 있고, 소나무의 초록과 후박나무의 연초록, 벚나무의 녹색 느낌이 비슷하면서도 모두 다르다. 그런 아름답고 조화로운 느낌이 잘 표현됐다. 또한 무섭다고 생각되는 뱀이 장면마다 귀엽게 등장하면서 그림의 감초 역할을 하고 있다. 처음 뱀의 등장에서 다소 경계심이 일었는데, 숲에 뱀이 있는 것이 당연하며 자연스럽다고 생각됐다. 어찌 생각해 보면 숲은 뱀이 살아가는 곳이라는 것을 작가가 계속 뱀을 보여 주면서 알려 주는 것만 같다.

별을 보려고 몽골 여행을 두 번이나 다녀왔는데, 날씨와 여러 요인으로 기대했던 것만큼 쏟아지는 별을 보지는 못했다. 쏟아지는 별을 보는 게 소원이라고 하니, 지인이 자신의 고향인 남해안 작은 섬에서는 여름밤이면 지금도 쏟아지는 별을 볼 수 있다고 했다. 가까운 곳을 두고 먼 곳까지 갔다는 생각이 들었다. 별을 보고자 하는 열망은 어린 시절 쏟아지는 밤하늘의 별에 대한 이미지가 강하게 남아 있어서다. 반짝이는 별이 어찌나 아름다웠는지, 그 시간이 얼마나 행복했는지 몸이 아직도 기억하고 있다.

　그림책 《지난 여름》에는 어린 시절 자연에서 느꼈던 경이로움이 잘 표현됐다. 앞표지에는 밤하늘을 수놓은 별이, 시선이 아래에서 위, 하늘을 올려다보는 그림으로 그려졌다. 뒤표지에는 아이와 개가 앉아 하늘을 올려다보는 모습이다. 이 그림은 모두 본문 마지막 부분의 그림들이다. 본문에서는 뒤표지가 앞표지보다 앞에 그려졌다. 두 그림의 서사가 연결되어 돌고 도는 느낌을 주어서 앞표지와 뒤표지를 펼쳐 놓고 함께 보는 재미가 있다. 앞표지와 뒤표지를 펼쳐 놓고 함께 보면서 이야기를 연상할 수도 있다. 면지에는 도시의 모습이 보이고, 표제지에는 숲으로 들어가는 아이와 개의 뒷모습을 제목과 함께 세로로 길게 배치하고 있다.
　이야기의 시작에서는 짐을 싸는 아이와 엄마, 아빠의 모습이 분주하게 보인다. 그리고 가족이 탄 자동차가 도로 위에 나타난다. 시선이 더 줌아웃 되고, 앵글이 하이앵글로 잡힌다. 자동차는 도시를 나와 숲으로 달린다. 다음 장에서는 앵글이 수평으로 잡히고, 아이와 개가 창문 밖으로 고개를 빼고 시골 풍경을 즐기는 뒷모습이 보인다. 그림은 전반부에는 먹색으로 후반부에는 파란색 계열로 표현됐고, 글이 없는 그림책이다. 가족이 도착한 곳은 조부모 댁이었다. 창문으로 밖을 보던 아이의 뒷모습이 클로즈업되고, 아이는 개와 함께 숲의 길로 들어선다. 다양한 식물들을 헤치고 나간 곳에서 아이는 호수를 발견하고, 물속으로 뛰어든다. 호수로 들어서는 모습, 호수 밖으로 나가는 모습, 데크에 누워 몸을 말리는 아이의 모습, 하늘에서 내리쬐는 햇살 등 작가는 하이앵글과 로우앵글(앙각)의 변화를 주어 이야기에 빠져들게 한다.

저녁 식사 후 아이는 밖으로 나와 하늘을 올려다본다. 그리고 그다음 장에 바로 앞표지 속 그림이 펼침면으로 넓게 펼쳐져 있다.

이 그림책에는 주인공이 숲을 지나는 장면에서 만나는 다양한 식물의 촉감과 냄새, 물속에서 만나는 생명들, 물살의 흐름, 데크에 누워 느끼는 바람, 쏟아지는 햇살, 밤하늘을 올려다보는 여름밤의 공기와 냄새, 숲의 벌레 소리 등 우리가 지난여름 만났을 법한 여러 감각들과 소리가 들리듯 그림 속에 잘 표현됐다. 글이 없기에 더욱 그림 속에 빠져들어 그런 감각들을 만날 수 있는 것 같다. 두 그림책은 여행이라는 우리의 단순한 일상을 보여 주는데, 요즘은 이런 일상이 얼마나 소중한지를 알게 한다. 어쩌면 다시는 이런 일상의 기쁨을 느끼지 못하는 것이 아닐까 하는 걱정이 앞서서인지 그림책에서 느꼈던 감정들이 소중하게 느껴진다.

07

생명과 자연을
먹고 있나요?

- 신보름 지음 | 킨더랜드, 《콩 심기》
- 곽영미 글, 송은선 그림 | 숨쉬는책공장, 《자연이 가득한 계절 밥상》

그림책 《콩 심기》는 판형 자체가 작다. 세로로 긴 책으로, 가로 폭이 11cm밖에 되지 않아서 눈에 띈다. 병풍책으로 병풍처럼 연결된 그림으로 되어 있다. 글은 세로쓰기로 되어 있으며, 한 펼침면에 목차처럼 1~2개의 주제어가 들어가고 그 뒤로 본문 내용이 있다.

그림들은 판화로 제작됐다. 앞표지에는 제목과 작가 이름이 세로로 오른쪽에 보이고, 콩잎처럼 보이는 잎들이 아래쪽에 넓게 차지하고 있으며, 그 위로 농기구와 고양이처럼 보이는 동물이 그려져 있다. 제목과 그림을 통해 콩 심기를 준비하는 것을 알 수 있다. 뒤표지에는 챙이 넓은 모자를 쓴 할머니가 보인다. 할머니라고 짐작할 수 있는 이유는 글 때문이다. '78세 옥님 할머니가 들려주는 콩 심는 방법'이라는 문구가 보인다. 시골에 살다가 서울에 올라와서도 농사짓는 옥님 할머니가 손녀에게 들려주는 콩 심는 방법이라는 글을 통해 내용을 보여 준다. 글에서 화자로 할머니와 손녀가 등장한다.

이 그림책은 면지 없이 바로 본문으로 들어가는데 먼저 첫 펼침면에는 '흙 솎아 내기'라는 소제목과 이야기가 시작된다. 그림에는 챙이 넓은 모자를 쓴 사람과 빨간 모자를 쓴 한 사람이 등장한다. 두 번째 펼침면은 '물 뿌리기'다.

"축축하게 뿌려. 물 뿌려 놓고 거작 꼬독꼬독 물이 들러 쓴 다음에 나중에 골라. (중략) 근디 우리가 지금 비가 안 오니까 물을 찌 그린 겨."

전라도 사투리다. 세로로 쓰였는데, 더군다나 전라도 사투리까지 들어가니 사투리에 익숙하지 않으면 읽기가 조금 어렵다. 하지만 소리 내어 읽어 보라. 글은 소리 내 읽으면 느낌이 다르다. 이해도 더 잘 되고, 내용도 재미있다. 앞장의 글들은 콩을 심기 위해 흙 솎기, 비료 주기, 잡초 제거 등 여러 준비 과정을 거치는 모습을 보여 준다. '비료 주기'에서는 콩은 퇴비를 안 하고 심는다고 알려 준다. 콩은 비료를 쓰지 않아도 잘 자라는 식물이다. 콩의 뿌리에 '뿌리혹박테리아'라고 하는 세균이 붙어 있기 때문이다. 콩의 뿌리를 캐 보면 동글동글 작은 공이 달린 것을 볼 수 있다. 이것이 바로 뿌리혹이다. 이 세균은 땅속 질소를 고정하기 때문에 콩밭에는 질소 비료를 덜 주어도 된다.

할머니는 콩을 3~4개씩 심으라고 한다. 이 글은 자연스럽게 '콩 세 알'이라는 우리 조상들의 공동체 삶과 연결된다. 옛사람은 씨앗을 심을 때 한 번에 세 알씩 심었다고 한다. 한 알은 벌레가 먹고, 한 알은 새가, 한 알은 사람이 먹기 위해서다. 또한 흙을 덮는 지혜도 알려 준다. 흙은 씨앗의 3배로 덮으면 된다고 한다. 무슨 씨앗이든 말이다. 대체 흙은 얼마나 덮으면 되는 거예요? 사람들이 씨앗을 심을 때 자주 묻는 말이다.

이 그림책의 글에서는 앞처럼 정확하게 알려 주는 이야기도 있지만 정확한 양의 표현 없이 "이 정도로"라는 식으로 표현된 내용도 있다. 나는 이렇게 눈대중으로 말하는 표현이 좋다. 도구나 기계로 재지 않아 정확한 양을 알 수 없으나 말하는 사람들만이 몸으로 익힌 개념, 직접 해 본 사람들만 알 수 있는 표현이 오히려 더 쉽게 이해된다. 이런 표현들 때문인지 할머니가 콩 심는 장면을 더 생생하게 알려 주는 느낌이다.

"콩이 새파래 올라오면 새가 모가지를 똑 따 먹어 버려. 그래서 구멍을 덮어. 삐들기나 까치나 참 신기혀. 전에는 안 그랬어. 먹을 것이 없는지 그렇게도 이상스러."

'그물 치기'에서는 새가 콩 줄기를 따 먹는 내용이 나온다. 비둘기나 까치가 올라온 싹을 따 먹는 모습을 얘기하는 할머니는 비둘기나 까치가 먹을 것이 없어서 그런 것 같다는 유추를 하고 있다. 사실이다. 요즘은 산비둘기나 까치가 먹을 수 있는 양식이 부족하다. 숲에 가면 숲의 가장자리가 경작물로 가득 찬 것을 알 수 있다. 그렇기에 새들의 먹거리가 부족하다. 이제 경작물을 새 몫으로 남겨 두려는 사람들 역시 드물다. 누가 콩 세 알을 심고, 까치 몫을 남기겠는가? 처음에는 그러지 않아도 뭐든 심다 보면 콩 세 알의 의미는 온데간데없고, 모두 심은 사람이 가져야 한단 생각에 욕심이 생긴다.

가을 감나무의 까치밥이 남겨진 모습을 보면 자연스럽게 그 집 주인의 인정에 미소가 지어진다. 그림은 바삐 움직이는 사람들과 비닐과 그물을 치는 모습을 담았다. 땅과 사람들에게만 색을 넣고 다른 배경에는 색을 넣지 않았다.

앞 장면은 8개의 펼침면이고, 뒤 장면은 7개의 펼침면과 1쪽 그림으로 총 31쪽 그림으로 구성되어 있다. 앞 장면에서는 콩밭과 함께 다른 작물이 보이는 반면에 뒷장의 그림들은 콩이 새싹이 나기 시작하고, 나비가 날아들고 꽃이 피고, 열매가 맺히는 모습까지 파노라마처럼 보여 준다. 앞 장면은 분주한 콩 심기 전반부를 보여 주고 있다면 뒤 장면들은 클로즈업돼 콩이 자라는 과정을 집중적으로 보여 주고 있다. 비슷한 소재의 이야기에서 뒤 장면의 내용 중심으로 된 그림책이 더 많다. 이 그림책이 마음에 드는 이유 중 하나는 앞 장면 속 이야기들을 더 자세히, 소중히 담았기 때문이다.

뒤 장면에서는 새싹이 자라 꽃이 피고, 여러 곤충이 날아와서 수분 활동을 하고, 그 꽃에서 꼬투리가 열리고, 콩이 여물고, 가을이 되어 콩잎이 누렇게 지는 모습까지가 그려진다. 이런 콩의 성장 과정과 함께 배경 하늘의 색이 자연스럽게 변하는 과정도 아름답다. 하늘색에서 연한 주황색, 그리고 진한 주황색, 보라색으로 넘어가서 마지막으로 검은색으로 끝나는 색의 변화도 흥미로운 볼거리다. 뒤 장면의 글은 할머니와 손녀의 대화체로 되어 있어서 손녀가 할머니에게 이것저것 묻고, 할머니가 알려 준다. 뒤 장면의 대화는 앞 장면의 글보다 더 빨리 눈에 들어오고, 쉽게 읽힌다.

콩 줍기가 다 끝난 빈 들녘에 둥근 보름달이 환하게 떴다. 흰 보름달은 까만 밤과 흙을 덮은 까만 비닐을 비추고 있다. 그리고 그곳에는 떨어진 콩알 하나가 남겨졌다. 이 그림을 통해 콩이 흙에 남아 있는 느낌을 받으며 생명 순환의 이미지를 떠올릴 수 있다. 하지만 자세히 들여다보면 콩은 여전히 검정 비닐 위에 있다. 이 그림책에서 가장 아쉬웠던 점은 콩을 키우는 과정에서 검정 비닐을 씌운 것이다. 물론 검정 비닐을 씌우는 이유는 잡초가 자라지 않게 하기 위해서다. 병충해에 약한 콩에 약을 치지 않고 키우기 위해서는 검정 비닐을 씌우는 것이 좋은 방법이기는 하다. 하지만 마지막까지 흙 위에 남겨진 검정 비닐을 보는 마음이 편치 않은 건 나의 과한 걱정 때문일까?

    이 책은 독특한 판형, 병풍책의 구성, 사투리, 판화 등등 독특함이 많지만 앞서 말했듯이 무엇보다 글에서 콩 심기 전에 과정이 잘 나와 있다는 것이 장점이다.

    《자연이 가득한 계절 밥상》은 제철 음식 이야기를 담은 정보 그림책이다. 요즘 산업의 발달로 제철 음식의 의미가 적어졌다고 생각할지 모르겠다. 계절에 상관없이 식재료들을 구할 수 있으니 말이다. 이 그림책은 단순히 제철 음식의 중요성만을 담은 책이 아니다. 앞면지에는 초록색 배경에 빨간 딸기가 그려졌다. 그리고 그곳에는 이런 시가 적혀 있다.

    "하얀 딸기 꽃이 진다. 하얀 딸기 꽃 속에서 조그마한 열매가 나왔다. 빨간 열매가 내 입보다 더 커졌다. 그래도 내 입에는 쏙 잘도 들어간다. 내 입속에 하얀 딸기 꽃이 핀다."

뒷면지에는 주황색 배경에 노란 감귤이 그려졌다. 그리고 이런 글이 담겼다.

"까서 먹고, 또 까서 먹고 계속 계속 먹고 싶은 귤. 새콤한 맛, 단맛, 신맛, 맛도 가지가지. 노란 귤을 많이 먹어서 손이 노래졌다. 손이 감귤이 되었다."

그림책 읽기 모임에서 면지에 나타난 주제가 이 그림책에서 글 작가가 말하고자 하는 중심 내용이라고 얘기하며 무엇인지 찾아보라고 했다. 다들 많이 어려워했다. 다행히 몇몇 분이 의도했던 내용을 찾아 줬다. 나는 먹는 음식이 나 자신이 된다고 생각한다. 제철 음식을 먹는 이유는 자연이 주는 가장 자연스러운 음식이며, 가장 많은 에너지를 갖고 있기 때문이다. 노란 귤을 많이 먹어서 손이 노래진 것이나 내 입속에 하얀 딸기 꽃이 핀 것은 귤과 딸기가 내 몸 안에 들어왔고, 그 안에 있는 에너지가 나를 만들기 때문이다.

요즘 아이들은 계절의 순서와 계절이 무엇인지 모르는 경우도 많다. 부모들 역시 우리가 자주 요리하는 음식 재료의 제철을 모르는 경우가 많다. 이 이야기는 봄, 여름, 가을, 겨울 사계절을 각각 3개의 펼침면으로 구성하고, 계절마다 간지 페이지를 끼웠다. 글은 주로 아이들이 단순히 정보를 익히는 것보다는 자연의 아름다움을 느끼게 하려고 쉽고 아름다운 동시로 썼다. 그래선지 그림책을 본 이들은 정보 그림책임에도 불구하고 글이 예쁘고 시적이라는 평을 많이 했다.

　이야기는 도시 주변에서 사는 주인공 여자아이와 동생, 그리고 엄마, 아빠, 할머니가 근처 주말농장에서 텃밭을 가꾸는 1년을 담았다.

　본문 첫 펼침면에서는 1월로, 눈이 쌓인 빈 밭에서 눈썰매를 타고, 눈싸움을 하는 아이들의 모습이 보인다.

　"아침에 일어나 보니 산, 집, 나무, 자동차 모두 머리부터 발끝까지 하얀 옷을 뒤집어썼다. 어젯밤 조용히 지퍼, 단추가 없는 옷으로 모두 똑같이 갈아입었다."

　월별 이야기 글에서는 1월 하얀 눈이 펑펑 내려 산과 집, 나무, 자동차를 뒤집어쓴 풍경을 얘기한다. 하단에는 1월 계절 밥상 글과 그림이 보이고, "겨울(1월)은 세찬 바람이 부는 달, 얼음이 얼어 반짝이는 달, 동물들의 살이 빠지는 달"과 같이 1월에 대한 이야기를 적고 있다. 그 아래에는 물속 생물들의 모습을 보여 준다.

　봄, 여름, 가을, 겨울 각각의 3개 펼침면은 월별 이야기, 월별 밥상, 동물, 식물, 해양 생물들의 삶과 모습, 그 달을 알리는 글로 정리되고, 계절별로 다르게 디자인되어 있다.

    봄이 되자 가족들은 텃밭 도구들을 들고 주말농장으로 나간다. 그리고 그들은 씨를 뿌리고, 풀을 뽑으며 새싹들을 가꾼다. 뜨거운 여름에는 한밤에 평상에 모여 수박을 먹기도 하고, 장마에 쓰러진 농작물들을 일으켜 세우기도 한다. 낙엽이 지는 가을에는 농작물들을 거두는 모습이 보이고, 겨울에는 곶감을 말리는 모습이며, 먹이를 구하러 농장에 다녀가는 동물들이 보인다.

    이 그림책에는 생각보다 많은 글과 정보가 담겨 있다. 제철 음식뿐만 아니라 제철 해산물, 동물, 식물의 정보를 그림과 텍스트에서 보여 주고 있다. 계절별로 농장의 작물들이 커 가고, 변하는 모습 자체 역시 많은 이야기를 주고 있다.

    누군가는 바쁜 현대인의 삶에서 스스로 농사를 지어서 제철 음식을 챙겨 먹고, 살 수 있겠느냐 물을 수 있을 것이다. 제철 음식이 아니라 그때그때 먹고 싶은 음식을 먹으면 될 것이 아니냐고 반문할 수도 있을 것이다. 스스로 농사를 지어서 먹고살기란 쉽지 않다. 제철 음식을 챙기기도 쉽지 않다. 하지만 제철 음식과 로컬 푸드를 먹는 것은 좋은 에너지를 가진 음식을 섭취해 내 건강을 지킬 뿐만 아니라 에너지를 절약하는 방법이며, 더 나아가 환경을 생각하는 길이기도 하다.

제철 음식과 로컬 푸드를 먹는 것은
좋은 에너지를 가진 음식을 섭취해
내 건강을 지킬 뿐만 아니라
에너지를 절약하는 방법이며, 더 나아가
환경을 생각하는 길이기도 하다.

08

지구를 위해
내가 할 수 있는 일은 무엇일까요?

- 이기훈 글, 그림 | 리젬, 《양철곰》
- 곽영미 글, 김선영 그림 | 숨쉬는책공장, 《코끼리 서커스》

이번에 만날 그림책은 이기훈의 《양철곰》이다. 양철곰, 표지 그림에서 보는 것처럼 양철로 만든 커다란 곰이 주인공이다. 마치 재활용 쓰레기로 만들어진 형상물처럼 보인다. 앞표지에는 커다란 양철곰이 도시 한가운데에 힘없이 주저앉아 있다.

뒤표지에는 상단에 도시 전체의 모습이 보이고, 하단에 두 컷으로 분할된 그림이 보이는데, 새가 도토리를 물고 와서 양철곰 내부에 넣는다. 어떤 이야기가 펼쳐질지 머릿속에 그려지는가? 표지를 넘기면 검은색 면지가 나오고, 뒤를 이어 약표제지가 나온다.

이 그림책은 본문으로 들어가기 전 에필로그처럼 펼침면 2개로 이야기를 먼저 보여 준다. 첫 펼침면에는 오른쪽만 그림이 들어가 있는데, 뒤표지에 보였던 그림이다. 강을 따라 빼곡히 건물들이 올라온 도시가 보이고, 하단에 딱따구리처럼 보이는 새가 양철곰 내부에 도토리를 숨기고 있다. 다음 장면에서는 분할 장면으로 공사가 시작되고, 숲에 사는 양철곰 내부에 집을 짓고 살던 새와 동물들이 분주하게 움직이는 모습, 오른쪽 페이지에서는 숲이 개발되는 것을 막는 양철곰의 모습과 그런 양철곰과 대치하는 사람들의 모습이 보인다. 나는 책을 여러 차례 읽으면서 왜 양철곰을 주인공으로 삼았는지 의문을 품게 됐다. 첨단 빌딩으로 이뤄진 도시 한가운데, 간신히 남은 숲에서 자리를 차지하고 있는 양철곰. 숲을 지키는 신령, 지구의 마지막 허파인 숲과 동물을 지키는 상징물로 나오지만 도시 사람들에게는 숲과 마찬가지로 양철곰도 불필요한 존재처럼 느껴졌다.

다시 표제지가 등장한다. 표제지에도 많은 이이야가 등장하는데, 아이가 그린 스케치북 그림을 통해서 이야기가 어떻게 됐는지 알려 준다. 이 그림책의 서사는 본문보다는 여기 내용에서 더 많이 드러난다. 새들과 다람쥐가 도토리를 양철곰 내부에 모으는 행위가 본문의 사건과 어떻게 연결되고, 얼마나 중요한 행위인지를 알게 한다. 이렇게 주변 텍스트를 꼼꼼하게 보지 않고 본문만 읽어서는 안 될 그림책들이 생각보다 많다.

그림들의 이야기를 정리하면 이렇다. 양철곰은 끝까지 지키고사 했던 숲에서 쫓겨나게 된다. 지구의 마지막 숲이 개발되고 환경은 최악에 다다른다. 마침내 사람들은 지구를 버리고 우주의 새로운 별로 이주한다는 내용이다. 이 그림책이 무슨 이야기를 하려는지 본문이 시작하기 전에 알 수 있을 것이다. 지구의 환경 문제를 지나치게 최악의 상황으로 그렸다고 생각하는 이도 있겠다. 하지만 지구의 사막화, 온난화의 진행 속도를 지구의 탄생 시기부터 가늠해 보면 지구가 얼마나 빠른 속도로 이 그림책의 이야기처럼 최악의 상황으로 치닫는지 느낄 수 있다. 인간들은 물이 메말라 버리고, 공기가 더럽혀지고 황폐해진 지구를 버리고, 우주의 새로운 별로 떠난다. 양철곰과 친구인 소년은 양철곰에게 함께 지구를 떠나자고 제안한다. 그리고 새로운 별에서 양철곰이 아닌 황금곰으로 새롭게 태어나자고 한다.

양철곰의 몸은 몹시 낡고 여기저기 성치 않다. 소년은 양철곰에게 더는 버틸 수가 없다고 알려 준다. 그리고 양철곰의 몸 일부에 도토리 씨앗이 남아 있다는 사실도 말한다. 양철곰은 도토리 씨앗에 물을 주기 위해 자신의 몸에 물을 쏟아붓는다. 이미 고장 난 자신의 몸에 물을 퍼붓는 행위는 죽음으로 치닫는 행동이다. 소년의 만류에도 양철곰은 물을 계속 퍼붓고, 몸이 조금씩 부서지더니, 끝내 무너지고 말았다. 소년은 무너진 양철곰의 잔재를 잡고 슬퍼한다. 울다가 잠이 든 소년의 뺨으로 빗방울이 떨어진다. 비는 오랫동안 계속 내렸고, 양철곰의 잔재 속에서 토토리가 싹을 틔운다.

칙칙하고 어두운 고층 건물 사이에 무너진 양철곰 속에서 초록빛 생명들이 움트기 시작한다. 새싹은 마치 초록빛 양철곰의 모습을 하고 있으며, 새 세상이 열리게 만든다. 그리고 이야기의 희망을 얘기한다. 새 세상이 열리는 장면은 마치 성경의 한 장면을 보는 것 같다. 양철곰 역시 자신을 희생해 타인을 살린 예수 그리스도의 모습처럼 보였다.

이 그림책은 글 없는 그림책이다. 그렇다 보니 독자들에 따라 이야기를 조금씩 다르게 해석할 수 있을 것이다. 프레임의 크기를 다양하게 써서 이야기의 서사를 잘 이끌었다.

어쩌면 우리는 모두 이런 희망을 품고 살고 있을 것이다. 지구가 황폐해지더라도 누군가가 자신의 삶과 생명을 던져서 히어로가 될 것이고, 아름다운 지구로 되돌릴 거라고. 내가 죽기 전까지는 살 만할 거라고. 하지만 이 거대한 지구를 살릴 수 있는 건 그림책 속 주인공 양철곰 하나일 수 없다. 수많은 사람이 양철곰 같은 희생을 해야만 되돌릴 수 있다. 그리고 앞에서 얘기한 것처럼 시간이 그리 길지 않다. 이 그림책은 환경에 대한 많은 생각을 하게 만든다.

우리는 한 번쯤 살아가면서 물범, 원숭이, 돌고래 등의 서커스를 본 적이 있을 테다. 우리에게는 즐거운 서커스인데, 서커스를 하는 동물들에는 즐거운 서커스가 될까? 내가 글을 쓰고, 김선영 작가가 그림을 그린 그림책 《코끼리 서커스》는 제목에서 알 수 있듯이 코끼리 서커스에 관련된 이야기다. 처음 이 글을 쓰겠다고 생각한 것은 태국 여행을 준비하면서다. 태국 여행을 알아보던 중 체험 코스에 '코끼리 여행'이 있다는 것을 알게 됐다. 어릴 적부터 코끼리 등에 타는 경험을 해 보고 싶어서 자연스럽게 여행 코스에 넣으려고 했다. 그런데 코끼리 여행에 대한 연관 검색어를 통해 코끼리 보호 카페까지 가게 됐고, 거기서 우리가 여행에서 만나는 코끼리가 어떻게 포획되는지 알게 됐다.

앞표지와 뒤표지는 배경이 숲 그림으로 연결되어 있다. 사실 숲이라고 말할 수 없다. 깃발, 서커스 천막, 외발자전거 등 서커스와 연결된 그림도 보인다. 앞표지는 코끼리의 앞모습, 뒤표지에는 코끼리의 옆모습이 보인다. 앞표지에 그려진 코끼리 얼굴을 보면 어떤 생각이 드는가? 눈이 온통 까매서 감정을 읽을 수 없다. 하지만 코끼리가 기뻐하거나 행복해 보이지는 않는다. 면지에는 피에로 모습이 보인다. 피에로는 두 손을 위로 활짝 들고 있어서 마치 책을 읽는 독자를 환영하는 듯하다.

표제지에는 제목에 반짝이는 불빛을 넣었고, 글자의 배열을 서커스 천막처럼 보이게 구성해 서커스가 시작됐음을 알린다. 이야기는 한 가족이 여행을 가는 모습으로 시작된다. 그런데 그림이 좀 이상하다. 한 컷의 그림에 두 장면이 자연스럽게 연결되어 있다. 여행을 가는 가족과 밀림 숲이 함께 들어가 있다. 밀림에서는 코뿔소가 보이지만 여행 가는 가족 그림에서는 화분처럼 보인다. 두 그림을 연결해서 착시 효과를 주었다.

글은 가족의 여행이 시작됨을 알려 준다. 다음 그림에서는 프레임의 크기가 앞의 것보다 커졌다. 이제 가족들은 버스를 타고, 여행지에서 관광을 시작하고 있다. 이 화면 역시 앞의 화면처럼 한 컷의 그림에 두 장면이 들어가 있다. 관광하는 가족들의 모습과 밀림 속에서 아기 코끼리와 엄마 코끼리가 놀고 있는 모습이다.

"오늘 밤, 코끼리 서커스를 볼 거야."

글은 여전히 사람들 관점에서 쓰였다.

다음 장면의 구성도 동일하게 진행된다. 한 컷의 장면에서 2개 그림이 자연스럽게 연결되고, 프레임이 점점 커진다. 그리고 이 장면에서 직접적으로 코끼리가 포획됐다는 그림이나 글은 없지만 사냥꾼을 등장시켜 코끼리가 포획되고 있음을 보여 주고 있다. 드디어 주인공 아이는 기다리던 코끼리 서커스를 보려고 서커스장에 도착했다. 이이는 서커스를 기다리는 중 좁은 쇠창살에 갇힌 코끼리를 슬쩍 보기도 하지만 그 코끼리들이 엄마를 잃고 밀렵당한 새끼 코끼리라는 생각을 하지 못한다. 사실 코끼리 옆 빈 박스에 총에 맞아 죽는 엄마의 모습을 넣고자 했다. 그러면 독자들이 더 쉽게 이야기의 흐름을 알 수 있을 것이라 생각했지만 너무 직접적으로 보여 주는 게 좋지 않다고 생각되어 그림에서 뺐다. 드디어 숨 막히는 순간이 왔다. 코끼리 서커스가 시작됐다. 아이들은 숨죽여 코끼리 서커스를 관람한다. 코끼리 등에 올라타기도 하고, 인사도 하고, 먹이 주기 체험도 한다. 함께 기념사진도 찍는다. 그리고 즐거웠던 시간을 뒤로하고 집으로 돌아갈 시간이 됐다.

글은 이렇게 밝고 즐겁지만 그림은 펼침면에 2개의 장면으로 다른 두 세계를 보여 주고 있다. 밝은 아이의 세상과 어두운 서커스 코끼리의 세상을 보여 준다. 코끼리는 글과 왼쪽 그림과 달리 우리와 즐겁게 인사도 나누지 못하고, 먹이도 잘 받아먹지 않고, 조련사의 말도 잘 듣지 않는다는 걸 알려 준다. 이야기의 후반부에서는 다시 프레임이 2개로 나뉘고 분리되어 있다. 함께 공존했던 두 세계가 점점 더 분리되는 것을 상징하고 있다. 왼쪽 프레임의 그림은 아이를 따라가고, 오른쪽 프레임은 잡혀 온 코끼리가 어떻게 서커스단에서 길들여지고 훈련받는지 보여 준다. 아이는 호텔로 돌아와서 즐거웠던 코끼리 서커스 이야기를 그림으로 그린다. 그러면서 잠자리에 들어서 밀림에서 코끼리와 만나 즐거운 지내는 꿈을 꾼다. 그리고 즐거운 여행 기억을 가진 채 집으로 돌아간다. 하지만 이런 질문을 갖는다.

"그런데 코끼리는 어디서 왔을까? 엄마, 아빠는 어디에 있는 걸까? 서커스는 어떻게 배웠을까? 코끼리도 서커스를 좋아할까?"

이 글은 6쪽에 걸쳐 그림과 함께 등장한다. 짧고 간단하다. 하지만 우리에게 많은 질문을 던진다. 코끼리가 어디서 왔는지 궁금하게 만들고, 가족들과의 이별을 떠올리게 하고, 서커스를 배우는 과정을 생각해 보게 한다. 그리고 과연 코끼리도 서커스를 좋아할까라는 질문을 통해서 나는 좋지만 코끼리는 좋아하지 않을 수 있다는 생각까지 다다르게 한다.

코끼리를 밀렵하는 사람들은 어미 코끼리를 잡지 않는다. 새끼 코끼리만을 밀렵한다. 길들이기 쉽다는 이유 때문이다. 야생에서 오랜 생활을 한 동물은 잡아도 사람들이 길들이기 어렵다. 밀렵꾼들은 어린 코끼리를 잡아 좁은 공간에서 네 다리를 묶어 꼼짝할 수 없게 만든다. 그리고 엄청난 고통을 주며 사람들이 주는 먹이를 받아먹게 하고, 사람들의 지시에 복종하도록 가르친다. 이러한 과정을 '파잔(Phajaan)'이라고 부른다.

우리가 사는 현실은 우리가 보고 싶은 모습과 보고 싶지 않은 모습의 세계로 존재한다. 우리는 보고 싶지 않은 세계의 모습은 외면하고, 알 필요가 없는 것으로 여기며 살아가는 것이 더 행복하다고 생각한다. 그런데 과연 그렇게 살다가 생을 마감하는 게 좋은 일일까? 의미 있는 삶을 살았다고 말할 수 있을까……?

이 책이 나올 때쯤, 다행히 미국에서 100년 넘게 진행되던 코끼리 서커스가 폐지됐다. 너무나도 기쁜 소식이었지만 이 이야기는 단순히 서커스의 코끼리만을 의미하는 게 아니다. 코끼리는 돌고래로, 물개로, 원숭이로 모든 동물로 바꿔서 생각해 볼 수 있다. 나는 이 책을 통해 직접적으로 동물들을 죽이고 학대하는 일이 줄기를 바란다. 그러기 위해서는 관람하는 소비자들의 생각이 바뀌어야 할 것이다. 그런 생각을 가지려면 학대받는 동물들의 입장에서 생각해 보고, 그들의 감정을 느낄 수 있어야 한다. 우리는 자연환경 속의 사는 작은 생명이라도 그들의 세계를 외면하지 않고, 인정해야 한다.

인간에게 자유 의지가 있기 때문에 인간다울 수 있는 것처럼,

동물들도 그들의 자유 의지대로 살아가야 동물다울 수 있다. 그것이 그들에게 가장 자연스러운 삶이라고 생각한다.

2장

나와 나를
둘러싼 관계들

01

지금 누군가를
사랑하고 있나요?

- 사노 요코 글, 그림 | 김난주 옮김 | 비룡소, 《100만 번 산 고양이》
- 사노 요코 글, 그림 | 황진희 옮김 | 거북이북스, 《태어난 아이》

    스무 살에 친할머니, 그리고 아버지의 죽음을 맞았다. 아버지는 갑작스럽게 교통사고로 돌아가셨다. 아버지의 갑작스런 죽음 때문인지 나는 보통 사람들보다 죽음에 대해 많은 생각을 한다. 나는 작가 사노 요코의 말처럼 죽음이 큰일이 아니라 자연스러운 일이라고 생각한다. 태어났으니 죽어야지. 별도리가 없지 않은가. 하지만 이것은 나와 제삼자의 죽음일 경우다. 내가 사랑하는 사람들의 죽음을 잘 받아들일 수 있을지는 모르겠다.

3년 전 반려견을 잃고 나는 우울증에 빠졌다. 주변 사람들에게 티 내지 않으려고, 아무렇지 않은 듯 직장 생활을 하고, 좋아하는 숲 공부를 다시 시작하고, 일하던 학교까지 옮겼지만 상태는 나아지지 않았다. 반려견에게 최선을 다하지 못했던 나날을 떠올리며 자책했다. 매일 울다가 잠이 들 때면 사노 요코의 그림책 《100만 번 산 고양이》 한 장면이 계속 머릿속에 떠올랐다. 하얀 고양이를 끌어안고 백만 번이나 울던 주인공의 모습, 밤이 되고 아침이 되도록 백만 번이나 울다가 사라져 버린 주인공 고양이의 마음이 이해됐다.

　이 그림책을 오래전에 봤지만 좋아하지는 않았다. 아이가 그린 것처럼 미숙해 보이는 인물들의 형태와 채도, 명도가 낮은 색감 때문인지 그림이 눈에 들어오지 않았다. 더군다나 글과 그림이 같은 이야기를 하는 대응 그림책이어서 흥미가 더 떨어졌다. 이 그림책은 왼쪽에 글, 오른쪽에 그림을 넣는 구성으로, 이야기는 주인공이 누구의 고양이였는지, 어떻게 죽었는지, 고양이를 잃은 사람들이 얼마나 슬퍼했는지 등을 지루하게 느껴질 정도로 반복해 담았다. 하지만 반려견을 잃고 이 그림책을 다시 읽었을 때, 감동은 그 전과 달랐다. 그림책은 이렇게 한순간에 다가오기도 한다. 처음부터 마음에 쏙 드는 그림책이 있기도 하지만 내가 처한 상황이나 마음의 상태에 따라 뒤늦게 다가오기도 한다. 각기 속도와 강도가 다르다. 마치 사람들과의 인연처럼 말이다.

임금님의 고양이로, 도둑의 고양이로, 소녀의 고양이로, 할머니의 고양이로 살던 주인공은 죽음을 애통하게 생각하는 주인들과는 상반되는 마음을 갖고 있다. 임금님은 진쟁이 한창인데도 고양이를 껴안고 우느라 전쟁까지 그만둔다. 그런데 정작 고양이는 이들을 모두 싫어한다. 조금 싫어하는 정도가 아니라 아주 싫어한다. 나 역시 반려견을 잃었기에 반려동물을 잃은 사람들에게 감정 이입이 됐다. 그런데 고양이는 주인을 아주 싫어했다고 하니 난감했다. 혹시 내 반려견도 그런 게 아닐까? 나를 좋아한다고 생각한 건 모두 나만의 착각이었나 하는 생각까지 들었다.

다시 살아난 고양이는 누구의 고양이도 아닌 도둑고양이로 살아간다. 그때 처음으로 자신의 인생을 무척 좋아하게 된다. 이 장면에서 고양이는 도시의 길거리에 누워서 편한 자세를 잡고 있다. 자신을 좋아하는 이가 없어도, 어둠 속에서 혼자 있어도, 먹을 것이 그리 많지 않아도, 누구의 고양이였던 때보다 훨씬 더 좋아 보인다. 이 장면을 보며 마치 내가 주인공 고양이가 된 것처럼 자유롭고 당당하게 느껴졌다. 타인이 원하고 바라는 모습이 아닌 스스로 자아를 찾아가는 삶이 그리고 그런 삶에서 얻는 자유가 얼마나 중요한지 생각하게 됐다.

자기애로 똘똘 뭉친 주인공 고양이에게 새로운 사건이 일어난다. 새하얗고 예쁜 고양이를 만나게 된 것이다. 하얀 고양이는 다른 암고양이와 달리 주인공이 아무리 잘난 척해도 동요하지 않는다. 백만 번이나 죽어 봤다고, 세 번이나 공중 돌기를 하며 잘난 척해도, "그래."라고 말할 뿐이다. 결국 주인공은 자기 자랑을 멈추고, 하얀 고양이에게 "네 곁에 있어도 되겠니?"라고 진짜로 원하는 것을 말한다.

우리가 예상한 대로 고양이는 새끼를 많이 낳고 행복하게 살아간다. 이젠 백만 번이나 살았다는 얘기 따위는 입에 올리지 않는다. 그리고 자기 자신보다 하얀 고양이와 새끼 고양이들을 더 좋아한다. 새끼 고양이들이 자라서 모두 떠나자 주인공은 이제 하얀 고양이와 함께 오래 살고 싶다는 욕심만을 갖는다. 그렇지만 삶이 모두 그렇듯이 하얀 고양이가 세상을 떠나자, 백만 번 산 고양이는 백만 번이나 울다가 두 번 다시 살아나지 않는다. 이야기는 고양이가 앉았던 자리에 수풀이 소복이 올라온 그림으로 끝을 맺는다.

이 그림책은 읽을 때마다 와닿는 의미가 달랐다. 처음에는 삶과 죽음에 대한 생각으로 흐르다가, 주체적인 삶을 살아가는 인생에 대한 고민에서, 진정한 행복의 의미를 찾기도 하다가 결국 사랑에 대한 의미로 연결됐다. 백만 번 다양한 삶을 살던 고양이는 한

번도 행복하지 않았고, 누구도 사랑하지 않았다. 그의 주인이 아무리 큰 부를 가지고 있어도, 즐거움을 주어도, 자유와 사랑을 주어도 그들을 좋아하지 않고, 오롯이 자신만을 좋아하는 고양이였다. 그리고 남들에게 허세와 자랑으로 자존심을 세우는 고양이였다. 그런 그가 비로소 다른 고양이를 사랑하게 되면서 달라진다. 자신만의 삶을 사는 것 이상 누군가를 사랑하는 일이 얼마나 대단한지 알려 준다. 나는 이 그림책을 통해서 우리가 살아가면서 매일 백만 번 산 고양이를 만나는 게 아닐까 여겨졌다. 그리고 삶에서 가장 중요한 사실은 사랑하는 누군가를 만나서 함께 살아가는 일이라 생각하게 됐다.

사랑하는 사람을 한눈에 알아볼 수 있을까?

사랑하는 사람을 잃었을 때 나는 어떤 모습일까?

행복이란 무엇일까?

고양이는 왜 백만 번 산 것일까?

우리 역시 백만 년을 사는 게 아닐까……?

사노 요코의 다른 그림책 《태어난 아이》에서는 태어나고 싶지 않아서 태어나지 않은 아이가 주인공이다. 그 아이는 모든 일에 관심이 없다. 개가 자신을 핥아도 아무 감각을 느끼지 못하고, 고소한

빵 냄새에도 반응하지 않고, 다른 아이가 관심을 보여도 개의치 않는다. 그러다가 다른 아이를 치료해 주는 엄마를 보며 자신에게 필요한 것이 무엇인가를 깨닫게 된다. "반창고, 반창고!"라고 외치는 주인공의 모습에서 "엄마, 내게 사랑을 주세요. 사랑을 주세요!"라고 외치는 사노 요코의 목소리가 들리는 듯하다. 사노 요코는 어린 시절 엄마의 사랑을 많이 받지 못하고 컸다. 사랑은커녕 요즘 시대에서 보자면 심각한 아동 학대를 받은 게 아니었을까 생각된다. 그녀는 많은 에세이집을 냈는데, 글을 읽다 보면 그녀가 얼마나 엄마의 사랑을 받고 싶어 하는 아이였는지 알 수 있다. 당연히 사랑받아야 하는 존재임에도 부모에게 사랑하는 갈구하는 어린아이를 보면 가슴이 아프다.

결국 태어나고 싶지 않아서 태어나지 않은 아이는 엄마의 사랑을 깨닫게 되면서 비로소 태어난다. 엄마를 부르며 태어난 아이는 엄마에게 가장 먼저 아프다고 한다. 엄마가 반창고를 붙여 주자 "야호!"를 외치며 엄마에게 안긴다. 그리고 엄마 냄새를 맡는다. "부드럽고 좋은 엄마 냄새!"라고 적힌 글을 보고 있자니 사노 요코가 다른 에세이집에서 이야기했던 그녀 엄마의 분 냄새가 떠올랐다. 사노 요코는 이 그림책을 통해서 어린 시절 상처받았던 자신을 스스로 치유하고 있는 것 같다.

이 그림책에는 4개의 색이 쓰였다. 파랑과 노랑, 빨강과 초록이다. 그리고 2개의 색들이 조합되어 쓰인다. 이 네 가지 색은 심리학적 원색(Psychological primary)이다. 작가가 파랑과 노랑을 묶어 본문 첫 페이지와 미지막 페이지에 쓰고, 본문 나머지 부분에는 빨강과 초록을 쓴 이유가 분명히 있을 거라고 여겨진다. 본문 첫 페이지는 아직 태어나지 않은 아이가 우주처럼 보이는 공간을 떠도는 모습이며, 이는 우주를 떠도는 온전한 아이의 자아의 모습과 연결된다. 하지만 온전하다고 모든 것이 행복한 것은 아니다. 우주의 공간에 엄마의 사랑이 없는 것처럼 말이다. 마지막 장면에서는 아이가 잠자리에 들며 엄마가 그런 아이를 보며 미소 짓는다. 아이는 태어나는 건 정말 피곤하다고 말한다. 하지만 글과는 다르게 그림은 첫 페이지와 같은 파랑과 노랑을 썼다. 피곤하다고 말하곤 있지만 엄마의 사랑이 있으니 온전한 자아를 보여 주고 있다. 그리고 행복하다는 아이의 속마음을 알아차리게 한다. 태어난 건 정말 피곤하지만 엄마의 사랑을 받고 사는 건 정말 행복하다는 걸, 엄마를 비춘 환한 노란색을 보면 느낄 수 있다.

사노 요코는 두 그림책에서 부부의 사랑, 부모와 자식의 사랑, 인간의 사랑을 다양하게 보여 준다. 그녀는 삶에서 가장 큰 의미를 사랑으로 봤던 것 같다. 삶에 사랑이 없다면 살아갈 의미가 있을까? 지금 당신은 누군가를 사랑하고 있는가? 태어난 아이들이 부모나 어른들의 사랑을 받지 못한다면 그들은 태어나지 않은 아이로 살아가는 게 아닐까…….

가족에게
상처 입은 일이 있나요?

- 이혜란 지음 | 보림, 《우리 가족입니다》
- 사라 스트리츠베리 글, 사라 룬드베리 그림 | 이유진 옮김 | 위고, 《여름의 잠수》

그림책 강의를 진행하며 가족에 대한 느낌을 나누는 활동을 할 때면 다들 아름다운 자연, 따듯한 집, 맛있는 음식 등에 비유하며 아름답고, 사랑스러운 느낌으로 표현한다. 그런데 명절 때면 어김없이 가족 간 다툼, 폭력, 살인 등을 다룬 기사를 볼 수 있다. 그리운 가족들이 오랜만에 모이는 즐거운 자리인데도 끊임없이 사건과 사고가 발생한다. 이런 기사를 볼 때마다 나는 내 가족들과 잘 지내고 있는지 스스로 반문하게 된다.

나의 아버지는 삼대독자였다. 그리고 어머니는 나를 포함해

딸만 셋을 내리 낳았다. 삼대독자 집안에 아들이 귀했고, 엄마는 남존여비가 심했던 할머니에게 많은 스트레스를 받았다고 한다. 그래서 자식들을 많이 낳고 싶지 않았지만 아들을 낳아야 한다는 할머니의 강압에 못 이겨, 남동생을 둘이나 더 낳았다. 아들밖에 몰랐던 할머니였지만 할머니는 딸 중에서 유독 나를 예뻐했기에 나는 오히려 할머니보다 엄마에게 남녀 차별을 더 심하게 받으면서 자랐다고 여겼다. 그리고 어린 시절 엄마의 사랑을 남동생들에게 뺏긴 탓에 모성애의 결핍을 느꼈다. 성인이 된 지금도 여전히 남동생들을 대하는 엄마의 태도에 화가 치미는 걸 보면 나는 여전히 치유되지 않은 것 같다.

가족은 가장 가깝기도 하지만 가장 상처를 많이 주는 존재다. 숲의 나무도 적당한 거리를 유지해야 잘 클 수 있듯이, 관계에서도 적당한 거리가 필요한 것 같다. 하지만 가족 사이에 적당한 거리를 만드는 일은 쉽지 않다. 그래서 더 많이 상처를 주게 되는 것 같다.

이혜란 작가의 그림책《우리 가족입니다》는 자전적 이야기다. 표지 그림에는 중국집 '신흥반점'이 보인다. 식당 문이 열려 있고, 그 안에서 분주하게 움직이고, 식사하는 사람들이 보인다. 뒤표지에는 통닭집과 골목 상가들이 보인다. 색면지를 넘기면 가족사진과 함께 이야기가 바로 시작된다. 가족사진에는 아빠, 엄마, 그리고 화자인 여자아이, 남동생의 모습이 보인다. 여자아이는 아빠의 팔을 잡아당기며 환하게 웃고 있다. 그리고 글은 아래와 같다.

"우리 가족입니다. 엄마, 아빠, 나, 동생 (중략) 할머니도 한 분 계신데 멀리 시골에서 혼자 사세요. 할머니는 아빠가 아주 어릴 때부터 따로 사셨대요. 왜 그랬는지는 잘 모르겠어요 (중략) 아무튼 할머니는 지금도 우리랑 같이 살기 싫으시대요. 사실은 나도 그게 더 좋아요. 왜냐하면……."

이 장면은 약표제지 자리에 들어가 있는데, 본문의 시작처럼 보이지만 본문이 아니다. 다음에 나오는 표제지에는 동그란 철제 밥상이 놓여 있다. 요즘은 식탁을 많이 써서 이런 동그란 철제 밥상은 보기가 힘들다. 이 밥상은 1970~1980년대를 나타내는 문화적 상징이다. 가족의 다른 말인 '식구'는 한집에서 같이 살면서 끼니를 함께 먹는 사람을 말한다. 표제지에서 밥상을 보여 준 것은 책이 가족의 이야기를 담고 있음을, 함께 밥을 먹는 사람인 식구가 소재임을 미리 짐작하게 한다.

이야기는 할머니가 주인공인 여자아이 집으로 오게 되면서 시작된다. 부모님은 바쁘게 식당에서 일하고, 여자아이는 시골에서부터 택시를 타고 온 할머니를 맞는다. 이 장면은 약표제지 자리에서 보던 가족사진과 같은 구도로 그려졌는데, 가족들의 표정이 앞 장면과는 사뭇 다르다. 편안하고, 행복해 보였던 그들의 모습은 할머니의 등장으로 긴장하고, 불안해 보인다. 평화로움이 깨졌다. 화자인 여자아이가 가장 적대적인 표정을 짓고 있다. 다음 펼침면에서는 이 가족의 평화로움이 깨진 모습을 보여 준다. 밖에서 옷을 주워 오는 할머니의 모습을 프레임 없이 여러 컷의 작은 그림으로 보여 주고, 오른쪽에는 할머니 때문에 일이 늘어난 엄마의 일상을, 세탁기를 돌리는 대신 손빨래를 하라는 할머니의 고집적인 모습을 단적으로 보여 준다.

여기까지 그림의 시선(카메라 앵글)은 책을 보는 독자의 시선과 동일한 위치에 자리 잡고 있다. 그런데 다음 장면에서 위에서 아래를 내려 보는 시선인 하이앵글로 바뀌었다. 갑자기 시선이 바뀌면서 독자에게 긴장감을 일으킨다. 사건 역시 그러하다. 얼마 동안은 할머니가 집으로 와서 조금 달라지기 했지만 갈등이 그렇게 크지 않았다. 하지만 점차 갈등과 어려움이 커지면서 식구들이 이제 더는 함께 밥을 먹지 못하는 상황까지 벌어진다. 이런 사건과 변화를 효과적으로 보여 주기 위해서 작가는 그림의 시선을 바꾸는 장치를 이용했다. 갈등이 커지면서 주인공 시선이었던 카메라 앵글이 하이앵글 각도로 그려진다. 할머니는 밥뿐만 아니라 배변 활동도 혼자서는 할 수 없게 된다. 아기가 되어 버렸다. 치매 노인이 된 것이다. 주인공은 그런 할머니를 싫어하고, 점점 더 거리를 두며 생활한다. 할머니를 돌보는 몫은 모두 엄마, 아빠 일이 된다. 주인공은 치매를 앓는 할머니를 이해할 수 없으니 잔소리를 해댄다. 더군다나 부모님을 힘들게 하는 할머니가 밉고 싫다. 그래서 아빠에게 할머니를 다시 가라고 하면 안 되는지 묻는다. 아빠는 따로 살았어도 할머니는 아빠 엄마라고 말한다.

본문 뒤쪽 부분에서는 아이들과 할머니가 목욕하는 장면이 나온다. 두 아이를 목욕시키는 아빠의 모습, 할머니를 목욕시키는 엄마의 모습이 펼침면으로 그려지고, 그 뒤에는 처음에 등장했던 가족사진이 다시 나온다. 할머니의 사진이 가족사진 옆에 같이 놓여 있다.

"우리 가족입니다. 엄마, 아빠, 나, 동생, 할머니. 이렇게 다섯입니다."

앞에서 등장한 가족사진 그림이 다시 등장하면서 앞과 대비가 되고 강조되고 있다. 할머니와 함께 찍은 가족사진은 아니지만 할머니의 사진이 더해져 그들 가족이 또 다른 형태가 됐음을 잘 보여주고 있다. 나는 이 장면이 참 마음에 들었다. 가족 다섯 명 모두가 하나의 사진 안에 들어가 있지 않지만, 서로의 거리가 있어도 가족임을 인정하고, 이해하는 측면으로 해석됐다.

마지막 장면에서는 주인공이 아빠를 업으면서 "일 센티 컸다."라고 말한다. 이 동작에서 아빠를 위하는 주인공의 마음을 엿볼 수 있다. 주인공이 할머니를 싫어했던 건 할머니가 싫어서만은 아닐 거다. 엄마, 아빠를 힘들게 하기 때문이었을 거다. 마지막 그림은 묵묵히 할머니를 가족으로 받아들이는 부모님의 모습을 통해 주인공이 더 성장했음을 알게 한다.

그림은 연필 스케치로 작업 됐고, 배경색을 넣지 않았다. 선과 색이 선명하거나 뚜렷하지 않아서 부드러우며 자연스럽게 느껴진다. 색은 부분적으로 사용됐는데, 인물의 얼굴이나 특정 부분에 넣어 인물의 감정을 눈여겨볼 수 있도록 강조하고 있다. 다만 할머니가 옷장 속에 넣은 젓갈을 정리하는 엄마, 아빠의 모습에는 배경색을 깔아서 색을 통해서 부모의 힘든 정서를 연결하고 있다.

이 책을 보면서 나는 반드시 가족 구성원 모두가 하나의 가족사진 안에 들어가야만 한다는 고정 관념을 갖기에 서로에게 더 많은 상처를 주게 되는 게 아닐까 생각해 봤다. 각자의 사진이 함께 놓여도 하나의 가족, 하나의 가족사진이 될 수 있지 않을까. 의지와 보호, 억압이 아닌 서로를 인정하고 지지해 주는 가족이길 모두 더 바랄 테니 말이다.

가족 누군가가 사라진다면 마음이 어떨까? 아무리 미워하는 가족이어도 후련한 마음보다는 걱정이 먼저 밀려올 것이다. 그림책 《여름의 잠수》는 한여름에 갑자기 잠수를 탄 아빠를 찾아가는 아이의 이야기다. 갑작스러운 부모의 잠수 즉, 부재는 어린이들에게 놀라움을 주는 동시에 몹시 큰 상처가 될 것이다. 주인공은 아빠의 잠수를 겪고, 일상에서 아빠가 있던 자리에만 구멍이 났다고 표현하고 있다. 구멍 났다는 표현에서 주인공의 상실감과 아픔이 느껴졌다.

아빠의 잠수는 정신병으로 병원에 입원한 이유 때문이다. 엄마와 주인공은 아빠가 머문 병원에 찾아가서 아빠를 만난다. 주인공은 아빠에게 집에 가자고 졸랐지만 아빠는 자신의 날개가 사라져서 힘들다며 병원에 더 머물고 싶다고 한다. 그리고 그곳에서 아주 멋진 사람들을 많이 만났다고 덧붙인다. 주인공은 "그 사람들 되게 이상해 보이던데."라고 말할 뿐 다른 아이들처럼 집에 가자고 떼를 쓰지도 않고, 울지도 않는다.

"왜 어떤 사람은 살고 싶지 않을까? 개가 있고, 나비가 있고 하늘이 있는데. 어떻게 아빠는 살고 싶은 마음이 안 들까? 내가 세상에 있는데."

주인공은 자신이 있는데도 삶을 놓아 버리려는 아빠의 모습에서 화를 내거나 떼를 쓰지 않고 아빠의 눈치를 본다. 아빠의 얼굴이 슬퍼 보이지 않는 걸 다행으로 여기는 주인공의 모습에 마음이 아팠다. 어린아이가 자신보다 아빠를 신경 쓰는 모습이 조금 불편하게 느껴졌다. 나는 이 그림책을 처음에는 아빠의 삶보다는 화자인 주인공의 관점에서 이야기를 읽어 나갔다.

　이야기는 흘러, 아빠는 딸의 면회까지도 거부한다. 혼자 아빠를 기다리는 아이에게 아빠의 친구인 '사비나'가 자연스럽게 다가온다. 주인공은 한때 수영선수였던 사비나와 함께 수영 연습을 한다. 빨간 수영복을 입고 초록 풀밭 벤치 위에 선 두 사람의 모습이 인상적이다. 그들은 바다가 아닌 초록 풀밭에서 수영할 자세를 취한다. 그리고 푸른 잔디 위에서 헤엄치며 대화를 나눈다. 이 장면은 3개의 펼침면으로 구성되어 있는데, 왜 작가가 이렇게 많은 장면을 할애해서 그렸는지 생각해 보게 만든다. 그림책은 보통 본문이 16개의 펼침면으로 구성되기 때문에, 한 장, 한 장의 펼침면이 중요하다. 세 장의 펼침면을 썼다는 건 그 장면에 많은 중요한 의미를 담고 있다는 뜻이다. 둘은 이제 친구가 되어 병원을 이리저리 함께 뛰어다니고, 아빠가 말한 병원 속 아주 멋진 사람들과 인사를 나눈다.

　여름의 끝이 왔다. 무언가를 기다리다 보면 언제나 다른 일이 일어난다는 아이의 말처럼 사비나와 함께 세상 몇 바퀴를 헤엄쳐 돌고 난 뒤에 아빠가 집으로 왔다. 아이는 아빠가 겨울나무처럼 죽은 것 같다고 생각했지만, 여름이 오면 다시 살아날 것이라고 믿는다.

아이는 이 이야기가 모두 자신의 어렸을 때 일이라고 말한다. 지금 어른이라고 말하는 글에서 나는 아직도 어린 시절 아빠에게 받은 상처를 치유하지 못한 아이의 마음이 느껴졌다. 그 아팠던 시절에 사비나와 같은 친구가 있어서 참 다행이었다.

여름의 잠수는 아빠의 잠수만을 의미하지 않는 것 같다. 아빠가 자신의 아픔으로 잠겨 들어간 것처럼, 아이는 사비나와 함께 그들만의 잠수를 했다. 잠수를 통해서 바닷속 세상을 만날 수 있듯이, 아이는 잠수를 통해서 이해할 수 없는 아빠와 병원 사람들을 만나기 시작했고, 사비나와 친구가 됐다. 이를 통해 여름의 잠수는 아픔이나 고통과 같은 부정적인 상징만을 의미하지 않는다고 여겨졌다. 낯선 세계에서 만난 다양한 사람들, 그리고 자신이 사랑하는 아빠를 이해할 수 있게 된 긍정적인 상징도 포함하고 있는 것 같다. 그렇기에 작가가 풀밭 수영을 즐기는 그들의 모습을 3개의 펼침면을 그려서 의미를 강조하지 않았을까.

잔디밭의 초록색에는 안정과 휴식의 상징을 넣고, 빨간색 수영복에는 생명과 사랑, 그리고 사비나의 푸른 진주 목걸이에는 희망을 상징한 것처럼 보였다. 특히 그림에서 푸른 진주 목걸이가 자주 등장하는데, 주인공은 마지막 집으로 돌아가는 길에도 푸른 진주 목걸이를 만지작거린다. 이 모습은 사비나가 건넨 희망으로 주인공이 세상을 보고, 살아 나가는 모습처럼 해석되어서 마음이 편안해졌다. 이 그림책은 아빠를 온전히 이해하지는 못했지만 그를 사랑했던 딸의 모습을 통해서 가족의 의미를, 그리고 이해와 사랑의 의미를 생각해 보게 만든다.

처음 읽었을 때는 아이의 시선으로, 아이의 감정에 집중해서 읽었는데, 여러 차례 읽을수록 아빠의 마음에도 신경이 쓰였다. 결코 행복하지 못했던 아빠의 삶을 보며 내 가족이나 지인 중에도 그런 마음을 가지며 사는 이들이 있지 않을까 마음이 쓰였다. 나의 아버지도 그러지 않았을까. 그리고 그런 아빠와 아이를 지키며 살아갔을 엄마의 삶이 얼마나 지치고 힘들었을지 짐작이 됐다. 그림책에서 엄마는 늘 빨간색 옷을 입고 등장하는데, 엄마의 사랑, 아픔, 생명력 등이 색을 통해서 전달됐다.

영화 《흐르는 강물처럼》에서 둘째 아들 폴과 대립했던 아버지는 아들의 장례를 치른 주일날 설교에서 "누군가를 완전히 이해하지는 못하지만 온전히 사랑하는 것은 가능한 일"이라고 말한다. 가족이어도 한 대상을 온전히 알 수 없다. 그의 마음을 전부 이해할 수도 없다. 하지만 온전히 사랑할 수는 있다.

03

당신에겐
어떤 친구가 있나요?

- 윌리엄 스타이그 글, 그림 | 김경미 옮김 | 비룡소, 《아모스와 보리스》
- 윤재인 글, 오승민 그림 | 느림보, 《찬다 삼촌》

인디언들은 친구를 '나의 짐을 지고 가는 이'라 이른다고 한다. 나에게 친구는 따뜻하고 바른 사람이었음 좋겠다. 나를 믿어 주고 지지해 주는, 나의 슬픔과 기쁨을 함께하면서 서로가 바른길로 갈 수 있도록 도와주는 그런 사람 말이다. 지인의 책이 베스트셀러가 됐다. 기쁜 마음에 축하한다고 했더니 진심으로 축하해 주는 이가 적다고 아쉬운 마음을 보였다. 그녀의 말에 다른 지인의 말도 떠올랐다. 친구의 기쁜 소식에 내가 기뻐하자 그녀는 친구의 슬픔에는 기꺼이 위로하는데 기쁨은 잘 모르겠다며 좋아하는 나를 의아해했다. 어째서 친구의 기쁨에 진심으로 축하해 줄 수 없을까? 물론 친구 사이에도 시기와 질투가 있을 수 있다. 하지만 진정한 친구라면 기쁜 일에 축하해 줄 수 있지 않을까? 기뻐해 줄 수 있는 친구가 없다면 얼마나 슬픈 삶일까.

관계를 맺는 건 정말 어렵다. 어릴 때는 아무런 동기나 목적 없이 친구가 됐다. 하지만 그 관계가 결코 선하고, 좋은 친구 관계라고 말할 수는 없는 것 같다. 성인이 되어서 이뤄진 관계에서 친구 관계는 직장이나 사회생활의 필요로 만들어지는 것 같다.

그림책《아모스와 보리스》를 쓴 윌리엄 스타이그는 우리가 잘 아는 영화《슈렉》의 원작자다. 풍자만화가로 이름을 떨쳤던 그가 61세 늦은 나이에 어린이책 작가로 활동을 시작했고, 다양한 소재로 30여 권의 이야기를 썼다.

표지에는 쥐와 고래가 보인다. 둘이 바로 이 책의 주인공 아모스와 보리스다. 앞표지에는 쥐가 배를 타고 있고, 뒤표지에는 고래가 보인다. 그림들은 모두 노란색 타원형 그림틀에 들어가 있다. 표지 다음에 면지가 나오는데, 면지에는 초록빛이 감도는 배경에 물결이 선으로 그려져 있다. 그다음 장에는 표지 그림이 방향을 바꾸어 뱃머리가 오른쪽을 향하고 있으며, 쥐는 망원경을 통해 무언가를 보고 있다. 표제지에는 생쥐가 고래 위에서 편하게 누워 있고, 고래 역시 편안한 얼굴로 바다 위에 떠 있다. 왼쪽에서 오른쪽으로 글을 읽는 문화에서 여행이나 낯선 장소로 향하는 그림은 주로 이처럼 오른쪽으로 그려진다.

본문 첫 펼침면에는 오른쪽에만 글과 그림이 들어가 있다. 생쥐 아모스가 모래 위에서 바다를 보고 있다. 그림 스케치는 펜으로, 색은 수채 물감으로 엷게 처리했다. 색보다는 가볍게 그린 선이 강하게 부각된다. 윌리엄 스타이그는 손에 힘을 주지 않은 것처럼 낙서하듯 그림을 그린다. 만화를 많이 그려서인지 그림의 선이 강하고 빠르게 작업한 느낌이 크다. 글에는 아모스가 바다를 사랑한다고 되어 있다. 생쥐인 아모스는 갑작스레 밀려와 부서지는 파도 소리와 조약돌이 파도에 밀려 굴러가는 소리도 좋아한다. 굉장히 감성적이다.

다음 장에는 펼침면 전체에 작은 그림이 4개 보이고, 아모스가 배를 완성하는 과정을 보여 준다. 이제 아모스는 배를 밀고, 바다로 나아간다.

"아모스는 항해가 너무도 즐거웠어. (중략) 호기심과 모험심, 그리고 삶을 사랑하는 마음으로 부풀어 있었어."

나는 이 문장이 마음에 들었다. 호기심과 모험심, 삶을 사랑하는 마음이라니. 주인공의 성격이 너무나 매력적이었다. 많은 사람들이 일상의 소중함을 잘 알면서도, 좀 더 변화 있고, 모험적인 삶을 꿈꾼다. 아모스가 참 멋져 보였다. 생쥐이면서 물을 겁내지 않고, 바다를 사랑하고, 자신이 원하는 꿈을 조금씩 이루며, 도전하는 용기가 대단하게 느껴졌다. 아모스는 고래와 밤하늘의 무수한 별들에 감탄하며 아름다움과 신비함에 취해서 그만 데굴데굴 구르다가 바다로 빠지고 만다. 배는 떠나가고, 아모스는 아무것도 보이지 않는 바다 한가운데서 어찌해야 할지 모른다. 앞 장면과 이 장면은 글과 그림을 분리해서 보여 준다. 그림을 네모와 타원형틀에 넣고 글과 분리했다. 이러한 그림틀을 프레임이라고 한다. 프레임은 독자에게 거리 두기 효과를 만든다. 프레임이 없는 경우 독자는 그림 속으로 더 빠져들어 주인공에 몰입하는 반면, 프레임이 있는 경우 독자는 주인공과 거리를 갖고 그림을 읽게 된다.

그다음 이야기는 아모스가 자신을 살려 주는 고래 보리스를 만나는 것으로 이어진다. 보리스는 아모스의 집과는 다른 방향으로 가고 있었지만 아모스의 청에 따라 방향을 틀어 아모스를 집으로 데려다준다. 보리스는 아모스를 만난 것 자체에 기뻐한다. 이 둘의 관계가 시작될 수 있는 것은 낯선 이에게 거리낌 없이 베푸는 보리스의 선행 덕분이다. 둘은 보리스가 갑작스럽게 잠수를 하는 바람에 작은 갈등도 겪지만 아모스의 집으로 돌아가는 일주일 동안 서로에게 호감을 보인다. 보리스는 아모스의 가냘픔과 떨리는 듯한 섬세함, 작은 목소리에, 아모스는 보리스의 거대한 몸집, 힘, 굵은 목소리, 끝없는 친절에 감동한다. 결국 둘은 서로의 비밀을 공유하며 가장 친한 친구 사이가 된다. 어쩌면 연인이 됐는지도 모르겠다. 짧은 기간 동안 강한 끌림, 자신과 전혀 다른 외모와 성향에서 느끼는 강한 호감은 친구 사이이기보다는 연인 사이에서 더 어울리는 감정이라는 생각도 들었는데, 책 부록에 담긴 작품 설명을 보니 이야기의 주제를 사랑으로 말하고 있다. 아모스가 제 손으로 만든 배(세계)와 결별한 후 존재의 고독을 느끼고, 보리스와 사랑에 빠진다고 설명한다.

집에 도착한 아모스는 보리스에게 감사 인사를 했고, 언젠가 자신의 도움이 필요할 때 보리스를 기쁜 마음으로 돕겠다고 한다. 보리스는 어떻게 저렇게 작은 생쥐가 자신을 도울 수 있겠냐고 웃음을 터트렸다. 하지만 아모스의 마음이 정말 따뜻하다고 느끼며 그를 보고 싶을 거라고 여긴다. 둘은 서로의 일상으로 돌아가고, 행복한 삶을 살아간다. 이 장면을 보니 《이솝 우화》 중 한 이야기인 〈생쥐와 사자〉가 떠올랐다. 〈생쥐와 사자〉가 육지를 배경으로 한 이야기라면 《아모스와 보리스》는 바다를 배경으로 해서 사자 대신

고래로 바꾼 느낌이다.

이제 이야기는 결말로 다가간다. 여러 해가 지나고, 100년에 올까 말까 한 사나운 폭풍이 불었다. 그 폭풍에 보리스가 해안으로 떠밀려 왔다. 죽음에까지 다다른 보리스를 발견한 아모스는 친구인 코끼리를 불러 보리스를 바다로 돌려보낸다. 둘의 인연이 대단함을 알 수 있게 하는 대목이다. 바다로 돌아가는 보리스와 육지에 남게 된 아모스는 눈물을 흘리며 서로에게 마지막 인사를 한다. 이제 다시 서로 만날 수 없다는 것을 알고 있다. 하지만 둘은 서로를 절대로 잊지 않으리란 것도 알고 있다.

땅에 사는 아모스와 바다에 사는 보리스처럼 우리가 낯선 여행지에서 마음이 맞는 누군가를 만나는 것은 정말 큰 행운이다. 우리는 우연히 새로운 사람들을 만나고 그들과 친구가 되기도 하고 금세 사랑에 빠지기도 한다. 특히 여행에서 그런 일들이 종종 일어난다. 그런데 그 관계를 유지하는 건 쉽지 않다. 서로 가까운 곳에 살거나 함께하는 일이 없고서는 관계가 지속되기 어렵다.

관계는 호감, 배려, 용기 등에서 시작되지만 그 관계를 유지하는 데에는 애정과 노력이 필요하다. 나는 연인 관계가 아닌, 가족, 동성 친구와도 애정과 노력이 필요하다고 생각한다. 하지만 관심과 애정은 시간이 지나면서 자연스럽게 적어지고 소홀해질 수밖에 없다. 누군가와 친구가 되고 싶다면, 먼저 웃어 주고, 인사하고, 관심을 보여야 한다. 그리고 서로에게 좋은 친구로 남기 위해서는 더 많은 노력이 필요하지 않을까?

두 번째 만날 그림책은 윤재인 작가가 글을 쓰고 오승민 작가가 그림을 그린 《찬다 삼촌》이다. 이 그림책 제목을 보고 '공을 차다'라는 의미가 먼저 떠올랐다. 《찬다 삼촌》은 외국인 노동자 이야기다. 처음 이 책이 나올 당시에는 외국인 노동자 이야기를 다룬 그림책이 많지 않았다. 나온 책들도 비슷한 이야기에, 외국인 노동자의 삶을 너무 어둡게 담아내고, 그들을 도움이 필요한 존재로만 그려서 큰 감흥이 없었다. 그런데 이 책은 달랐다. 주인공 아이와 찬다 삼촌이 나이와 국적을 떠나 오롯이 친구가 되는 서사와 감정을 글과 그림에서 정말 잘 풀어냈다.

이 그림책의 표지는 이야기의 서사와 주제를 멋지게 담아내고 있다. 앞표지와 뒤표지 모두 꽃 그림이 배경이다. 앞과 뒤가 서로 연결된 것처럼 보이지만 색에 반전을 주어 대비를 이룬다. 밝음을 나타내는 노란색과 어둠을 나타내는 검은색을 사용했다. 노랑과 검정은 아이와 외국인 노동자의 모습을 상징할 수도 있겠다. 노랑은 아이의 상징, 검정은 외국인 노동자를 상징하는 색으로 연상하기 쉽다. 하지만 노랑이 성격이 따스한 외국인 노동자인 찬다 삼촌을 상징하고, 검정이 외롭고, 친구가 없는 아이의 상징으로 쓰일 수도 있겠다. 이 책의 이야기에는 두 상징적인 색의 대비와 반전을 통해서 밝음과 어둠이 공존함을 잘 보여 주고 있다.

앞표지에는 아이가 고양이들과 노는 모습이 담겨 있고, 뒤표지에는 찬다 삼촌처럼 보이는 어른과 아이가 손을 잡고 가는 모습이 담겨 있다. 어떤 이야기가 펼쳐질지 짐작되는가? 이 책은 표지 그림을 잘 기억해야 한다. 그림책을 다 읽고 표지를 보면 그림책의 많은 것들이 담겨 있음을 알게 된다.

"너도 알지? 텔레비전을 크게 틀어 놓으면 혼자 있어도 무섭지 않다는 거."

본문 첫 펼침면에서는 이 글과 함께 하얀빛이 나오는 무언가를 보고 있는 아이의 뒷모습이 보인다. 첫 번째 장면과 면지를 통해 우리는 아이가 사는 공간과 계절의 배경을 알 수 있으며, 공간을 통해 아이의 환경적 배경을 조금 유추할 수 있다. 아이는 주변에 다른 이웃이 없어 친구 없이 혼자 지내는 아이로 짐작된다.

아이의 아빠는 가내 수공업으로 솥을 만든다. 한적한 시골 마을 외딴집에서 엄마 없이 아빠와 단둘이 사는 아이의 집에 오늘 외국인 노동자인 찬다 삼촌이 왔다.

"아빠, 찬다 삼촌 오늘 집에 가?"

아이의 말을 통해서 그동안 아이의 집을 거쳐 간 외국인 노동자가 많다는 것을 쉽게 알 수 있다. 아이는 찬다 삼촌에게 처음부터 마음의 문을 열지는 않는다. 날마다 찬다 삼촌을 관찰하면서도 찬다 삼촌이 좋은 건 아니라고 말한다. 매일 찬다 삼촌이 집에 가는지 묻는 아이, 그리고 안 간다는 말에 '야호!' 소리를 내며 좋아하지만 찬다 삼촌이 마음에 든 건 아니라고 하는 아이. 아이는 또다시 상처를 받을 것을 걱정하며 스스로 방어 기제를 만들고 있다.

이 책을 성인들과 함께 읽는데 한 선생님이 주인공 아이가 너무 소극적이어서 마음에 들지 않는다고 했다. 그 선생님의 말이 나름 일리가 있지만 아이의 행동도 이해됐다. 가내 수공업으로 솥을 만드는 시끄러운 집 환경으로, 주위에 집 한 채 없는 외딴 변두리에 사는 아이, 친구가 없어서 고양이들과 노는 아이, 자신이 마음을 열어도 매번 자신의 곁을 떠나는 사람들. 그렇게 많은 상처를 받았다면 아이가 소극적일 수밖에 없지 않을까? 나는 그런 아이의 모습이 안쓰럽다고 생각됐다.

혹시 표지 배경 꽃 그림을 기억하는가? 표지 배경 꽃 그림은 다른 장면에서도 계속 등장한다. 고양이와 노는 아이의 그림 배경이 모두 이 꽃 그림이다. 이 꽃 그림은 바로 '찬다 삼촌의 옷' 문양이다. 나는 그림 작가가 의도적으로 이 꽃무늬를 써서 아이와 찬다 삼촌의 관계가 깊어지는 것을 표현했다고 생각한다. 이 꽃무늬는 아이가 찬다 삼촌을 받아들이고, 친구가 되어 가는 과정을 보여 주는 은유이며, 찬다 삼촌을 동일시한 것이라 여긴다. 이 그림책은 외국인 노동자의 삶을 다룬 여러 그림책과는 달리 상처받은 아이를 엄마처럼 따듯하게 안아 주는 외국인 노동자의 모습을 통해, 다양한 외국인 노동자의 모습을 만나게 한다. 친구가 되어 가는 둘을 보면서 아이뿐만 아니라 찬다 삼촌에게도 친구가 필요하지 않았나 생각해 봤다.

아이는 찬다 삼촌처럼 손가락으로 밥을 먹어 보고 고양이에게도 '찬다'라는 이름을 붙여 준다. 찬다가 데려온 알록달록 고양이에게는 '알록달록 찬다', 수염이 긴 고양이에게는 '콧수염 찬다'라는 이름을 지어 주며 숨바꼭질 놀이를 한다. 그림책을 읽다 보면 누구나 아이가 찬다 삼촌과 놀고 싶고, 친구가 되고 싶어 하는 것을 느낄 수 있다. 아이는 늦은 밤, 고모네에 가면서 자신의 분신과도 같은 애착 인형을 삼촌에게 건네며 꼭 텔레비전을 크게 켜 놓으라고 말한다. 찬다 삼촌이 무서울까 봐 걱정하는 아이의 모습과 말투에 미소가 그려진다.

이 그림책은 전체 화면에 배경색을 모두 넣은 장면도 많지만 중간에 여백의 미처럼 배경색을 빼고 인물들만 그린 장면들이 있다. 그림책은 장면과 장면이 연결되기 때문에 흐름에 강약 조절이 있어야 된다고 생각한다. 강약의 흐름 조절은 글에서의 사건과 글밥 등으로 조절할 수도 있지만, 이렇게 배경색을 조절해서도 가능하다. 특히 찬다 삼촌의 꽃무늬 배경 역시 크기를 달리해서 아이와 찬다 삼촌의 관계가 얼마나 깊어졌는지 알려 주고 있다.

이 책으로 함께 그림책 깊이 읽기를 한 어느 선생님이 글이 계속 반복되어서 책이 불량본인 줄 알았다고 말한 적이 있다. 이 책은 취학 전 아동과 외국인 노동자와의 우정과 관계를 다루고 있다. 처음에는 아이의 눈높이에서 글이 쓰였다고 생각했는데, 어쩌면 외국인 노동자의 눈높이로 볼 수도 있겠다. 글이 단순하다고, 반복된다고 글의 감동이 줄거나 낮아지지 않는다. 반복되는 글과 그림이 이야기를 계속 강화하며 감동을 더 크게 만든다.

이 그림책을 보면 생각나는 사람이 있다. 책 《나의 라임오렌지 나무》 속 주인공 제제의 인생 친구였던 뽀르뚜가 아저씨다. 가난하고 불우한 어린 시절 제제의 삶에서 뽀르뚜가 아저씨는 한줄기 빛이었고, 또 다른 라임오렌지 나무였다. 이 책을 읽은 뒤 나도 누군가에게 '뽀르뚜가 아저씨'와 같은 사람이 되고 싶었다. 적어도 한 사람에게는 좋은 사람이었으면 좋겠다.

관심과 애정은 시간이 지나면서
자연스럽게 적어지고 소홀해질 수밖에 없다.
누군가와 친구가 되고 싶다면, 먼저 웃어 주고,
인사하고, 관심을 보여야 한다.
그리고 서로에게 좋은 친구로 남기 위해서는
더 많은 노력이 필요하지 않을까?

04

용기를 낸 적이 있나요?

- 정진호 지음 | 현암주니어, 《위를 봐요!》
- 백희나 지음 | 책읽는곰, 《알사탕》

두 살 터울인 남동생과 어릴 때부터 자주 싸웠다. 사이가 썩 좋지 않았던 남매였다. 하루는 남동생이 옆집 개를 발로 차다 아저씨에게 들킨 적이 있었다. 옆집 아저씨는 술만 마시면 동네 사람과 싸우곤 했다. 저녁 무렵 술에 취한 옆집 아저씨가 남동생이 옆집 개를 찬 일로 따지러 우리 집에 왔다. 할머니는 아빠가 오면 어른 싸움이 된다고 아빠를 마중하러 동네 어귀로 나갔고 나와 동생은 집에서 아저씨의 긴긴 욕설을 들어야만 했다. 동생은 창문 아래에 숨어 아저씨가 집 안으로 들어올 것만 같다고 벌벌 떨었다. 나는 계속

되는 욕설에 화가 나서 밖으로 나갔다. 그러고는 아저씨 앞에 무릎을 꿇고 남동생이 잘못했다고 말하며 용서를 빌었다. 어린 시절 내가 남동생을 위해 가장 용기를 낸 행동이었다. 남동생을 위해서라기보다 남동생이 잘못을 하긴 했지만 아이인 남동생에게 술주정하듯이 욕설을 뱉으며 따지는 어른인 아저씨에게 화가 나서였다.

그림책 《위를 봐요!》에서도 용기를 낸 소년의 모습을 볼 수 있다. 표지 그림은 시선이 하이앵글로, 위에서 아래로 향해 있다. 제목은 말풍선을 이용해 한 아이가 독자에게 또는 공중 어딘가에 있는 누군가에 위를 보라고 소리치는 것처럼 디자인되어 있다. 인물선과 머리의 검은색을 제외한 나머지는 모두 흰색이다. 본문 그림도 대부분 그렇다. 검정과 흰색의 대비를 통해서 이야기가 더욱 또렷하게 전달된다. 면지에는 아무도 보이지 않는 빈 보도블록과 그 가장자리에 심어진 가로수가 보인다. 표지와 면지는 보는 이의 시선이 같다.

"가족 여행 중이었어. (중략) 사고가 났지. (중략) 수지는 다리를 잃었어."

이야기는 이렇게 시작된다. 이 글과 함께 다섯 컷의 작은 그림들이 나온다. 다음 장은 시선이 다시 표지, 면지와 같이 하이앵글로, 위에서 아래로 향하게 있다. 오른쪽 길에 "쾅!" 소리가 보인다. 다음 펼침면 페이지부터는 오른쪽 페이지 절반에는 휠체어를 탄 아이의 모습이 반복적으로 보이고, 왼쪽은 사람들이 지나가는 보도블록 풍경만 바뀐다. 거리를 구경하는 아이의 이름은 수지다. 수지는 매일 이렇게 난간에서 사람들이 지나가는 모습과 아이들이 노는 모습을 구경한다. 비가 오는 날에는 우산 행렬을 바라보기도 한다. 한창 움직이고 싶은 나이에 갑작스러운 교통사고로 다리를 잃은 수지의 마음이 어떨지 가늠하기 어렵다. 작가는 수지의 얼굴 전체를 이야기 마지막에서야 보여 준다. 앞에서는 머리 위에서 시선을 잡아 머리와 코, 팔, 손만 보일 뿐이다. 그래서 어떤 표정을 짓고 있는지 알 수 없으니 수지의 마음을 읽기가 더욱 어렵다. 작가는 어린 시절 큰 사고를 겪어서 병원에 오랫동안 입원했다고 한다. 그래서 수지의 마음에 더 감정 이입을 잘할 수 있지 않았을까, 이런 시선의 그림책이 나올 수 있지 않았을까 조심스레 추측해 본다.

그렇게 하루하루를 보내던 수지는 조금씩 기대를 하게 된다. 누구라도 좋으니 위를 좀 봐 주면 좋겠다는 기대. 하지만 어떤 일도 일어나지 않는다. 처음 여기까지 읽으면서 나는 새 한 마리가 날아오면 좋겠다, 아니면 풍선 하나가 날아와도 좋을 것 같고, 민들레 홀씨도 좋겠다고 생각했다. 하지만 몇 번을 읽은 뒤 수지가 원하는 것은 새나 풍선이 아니라는 걸 알아챘다.

후반부에는 수지의 간절함에 기적처럼 한 소년이 위를 보게 된다. 수지의 목소리를 들은 건지, 어떤 계기로 그 소년이 위를 보게 됐는지는 정확하지 않다. 하지만 둘은 서로를 보며 이야기를 나눈다.

"아래로 내려와서 보면 되잖아."

"다리가 아파서 못 내려가."

"거기서 보면 제대로 안 보일 텐데."

"응, 머리 꼭대기만 보여."

"그럼 이건 어때?"

소년이 무슨 생각을 할지 궁금해 재빨리 다음 장으로 넘기게 된다. 다음 장에는 소년이 보도블록 위에 누워 있다. 예상하지 못한 장면에 조금 놀랐다. 보통 비슷한 줄거리를 가진 이야기에서는 시간이 흐른 뒤 소년이 수지와 친구가 되고, 수지의 집을 방문하는 모습으로 마무리가 된다. 그런데 이 이야기에서는 누워 있는 아이의 모습을 보고 소년의 엄마가, 그리고 지나가는 여러 사람이 수지를 위해 보도블록에 눕는다. 나는 누워 있는 아이에게 야단치지 않고 함께한 엄마가 더 대단해 보였다.

'나라면 어땠을까? 길바닥에 누운 사람들을 이상하게 보

고 지나갔을까? 아니면 아이와 함께 수지를 위해 누울 수 있었을까…….'

이 장면이 많은 사람의 마음을 울렸을 것 같다. 비현실적인 풍경이라고 생각할지도 모르겠다. 하지만 현실에서도 이런 핀다지와 같은 일들이 자주 일어나고, 그래도 아직은 이 세상이 살 만하구나, 저렇게 착한 마음을 가진 사람들이 있구나, 생각하며 감동하는 경우가 있지 않은가.

마지막에 다다른 장면에서는 그전까지 얼굴을 보이지 않던 수지의 얼굴이 부분적으로 보이고, 수지가 함박웃음을 짓고 있다.

라디오에서 들은 사연이다. 화자는 중년 부인인데, 타는 듯이 더운 오후, 백화점을 가는 길에, 가로수 모퉁이에서 노숙자가 누워 있는 것을 봤다. 중년 부인은 그 사람이 더울까 걱정은 됐으나, 백화점에 빨리 가서 일을 봐야 했기 때문에 그냥 지나갔다. 그리고 다시 오는 길, 노숙자가 여전히 그 길에 그대로 있자, 중년 부인은 안타까운 마음에 어떻게 해야 할지 잠시 고민했다. 그 길에는 오가는 사람들이 많았지만 아무도 노숙자에게 관심을 두지 않았다. 그러던 중 한 꼬마가 할머니와 지나가고 있었는데, 할머니에게 양산을 달라고 부탁하더니 할머니의 양산과 자신이 마시던 물을 노숙자 앞에 두었다. 할머니가 그럼 자신은 어떻게 하느냐고 묻자, 꼬마는 할머니에게는 양산이 많으니 괜찮다며 씩 웃었다고 한다.

그 모습을 본 중년 부인의 마음이 어땠을지 짐작된다. 아이의 마음에 콧등이 찡했을 거고, 아이가 너무 대견해 보였을 거다. 하지만 한편으로 아이보다 못한 자신의 모습에 조금 속상하지 않았을까 생각된다. 누군가를 도울 수 있는 것은 사려 깊은 마음과 그 마음을 실천할 수 있는 용기 덕분인 것 같다.

백희나 작가의 그림책《알사탕》은 워낙 유명한 작품이기도 하고, 백희나 작가를 좋아하는 독자라면 다들 읽어 봤을 거다. 나는 백희나 작가의《장수탕 선녀님》,《어제 저녁》도 좋지만 이 작품을 가장 좋아한다. 다들 알겠지만 백희나 작가는 등장인물과 배경을 모두 인형과 실물로 제작해서 사진을 찍는 기법을 사용한다. 하나하나 등장인물과 배경을 만들면 그것이 얼마나 힘들지, 또한 얼마나 많은 애착이 생길지 생각해 보게 된다.

앞표지에는 분홍색 알사탕을 살펴보는 아이의 모습이 크게 보인다. '왜 분홍색 알사탕일까?', '아이는 알사탕 속 무엇을 보고 있는 것일까?'를 생각해 보게 만든다. 알사탕이 마치 구슬처럼 보인다. 어린 시절 구슬을 해에 대고 빛 놀이를 하던 때가 떠오른다. 뒤표지에는 건물 입구가 보이는데 아이의 스케이트보드와 킥보드가 세워진 걸 보니 아이가 사는 아파트 입구 같다. 바닥에 떨어진 낙엽을 통해 시간적 배경을 알 수 있다. 본문을 다 읽고 나면 뒤표지에 왜 스케이트보드와 킥보드가 같이 놓여 있는지 알게 된다.

이 그림책은 약표제지를 잘 봐야 한다. 약표제지에는 제목 말고, "나는 논다."라는 중요한 글이 들어가 있다. 그리고 이어지는 본문 첫 번째 펼침면에서 아이는 혼자 노는 것도 나쁘지 않다고 한다. 하지만 아이의 본심은 친구들과 함께 놀고 싶다. 아무도 불러 주지 않으니 그냥 혼자 논다. 구슬을 사러 가는 아이의 모습을 보면 아이의 마음을 알 수 있다. 구슬을 사러 간 아이는 뜻하지 않게 마법의 알사탕을 얻게 된다. 이제야 왜 앞표지의 알사탕이 구슬처럼 보였는지 이해가 된다. 면지, 약표제지, 그리고 본문 첫 번째, 두 번째 펼침면이 자연스럽게 연결되며 하나의 시퀀스를 이루고 있다.

아이가 주황색 알사탕을 먹자 소파 목소리가 들리기 시작했다. 6개의 알사탕은 소파, 구슬이(개), 아빠, 돌아가신 할머니 등등의 특정 대상의 목소리를 들려주는 신비한 힘을 가지고 있다. 그런데 할머니의 목소리를 들려줬던 분홍색은 사탕이 아니라 풍선껌이었다. 알사탕은 소파, 강아지, 아빠의 목소리를, 풍선껌은 돌아가신 할머니의 목소리를 들려준다. 작가는 사물에서 동물, 사람과 영혼의 목소리를 듣게 해 주면서 마법의 규칙을 확장하고 사탕에서 풍선껌으로 규칙을 변경하고 있다. 그래서 반복적으로 사탕을 먹고 사물의 속마음을 듣는 단순한 이야기 구조를 더욱 재미있고 긴장감 있는 구도로 만들었다. 돌아가신 할머니를 풍선껌으로 만든 건 주제와 관련해서 특별한 이유가 있어서다. 그것은 할머니의 목소리를 두고두고 듣게 만들기 위함이다. 아이는 풍선껌을 식탁 아래에 붙인다. 언제라도 할머니와 만날 수 있게 말이다.

"할머니는 재미있게 잘 지내고 있어. (중략) 동동이도 친구들이랑 많이 많이 뛰어놀아라."

할머니는 아이인 동동이가 친구들을 사귀고 그 또래 아이들처럼 친구들과 함께 뛰어놀기를 가장 바라고 있다. 작가의 바람이기도 하다.

6개의 사탕 중 마지막 2개의 사탕이 남았다. 동동이가 다섯 번째 사탕을 먹자 밖에서 "안녕, 안녕……." 소리가 들린다. 동동이는 밖으로 나간다. 목소리의 주인공은 바로 단풍이었다. '아, 사탕의 색이 단풍과 같았구나!' 이제야 알게 됐다. 그런데 왜 단풍의 소리를 넣은 것일까 궁금해진다. 지금까지의 사물과 대상은 모두 동동이와 직접 연관이 있는데, 단풍은 큰 연관이 없어 보인다. 단풍과 동동이의 연관이 궁금해져서 빨리 다음 페이지로 넘겼다. 단풍 숲에서 걸어오는 한 아이가 보인다. 단풍이 동동이를 부른 이유는 바로 친구와 만나게 하려는 것이었다. 그리고 단풍이 알려 준다. '안녕'이라고, 친구와 사귀기 위해서는 먼저 인사하라고 알려 준다. 위대한 자연의 조력자를 넣어서 동동이에게 먼저 인사하라고 연습시키고 있다.

　결말은 동동이가 친구에게 "나랑 같이 놀래?"라고 말하며 끝난다. 뒷면지는 앞면지의 그림과 비슷하지만 달리 놀이터에서 동동이와 친구가 스케이트보드와 킥보드를 타고 노는 모습이 그려진다. 바뀐 부분은 동동이와 친구의 모습뿐만 아니라 색이 더 따스하고 환해졌다. 낙엽이 많이 떨어진 걸로 보아 시간도 흘렀음을 알려 준다. 이 모습을 보니 뒤표지에서 보인 스케이트보드와 킥보드가 모두 동동이의 것이 아니라 두 친구의 것임을 깨닫게 된다. 이제 서로 친구가 되어 함께 잘 지내고 있음을 알려 준다. 이 그림책의 뒤표지는 이야기의 결말과 연결해서 뒷이야기를 더 보여 준다.

　결말에 나왔던 마지막 투명 사탕은 아무 소리도 들리지 않는 사탕이다. 어쩌면 동동이의 자아를 나타내는 사탕이 아닐까. 투명 사탕처럼 아직 색이 없지만 새로운 친구와 만나 자신의 색을 채워 가라는 의미인 것 같다. 분홍색 풍선껌이 마지막에 다시 나올 거라는 예상은 빗나갔지만 분홍색 풍선껌이 주는 의미는 크다. 할머니의 조력이 없었다면 동동이가 친구를 사귀는 데 용기를 낼 수 있었을까? 위축되고, 소극적인 동동이에게는 조력자가 필요했다. 그 조력자 가운데 가장 으뜸은 바로 동동이의 마음을 가장 잘 들여다보는 할머니로, 돌아가셨음에도 등장해서 동동이에게 힘을 준다. 이런 할머니의 무한한 사랑을 통해서, 보이지 않아도 정신적으로 연결되어 있음을 느끼며 위안을 얻은 동동이가 친구에게 용기를 내어 다가갈 수 있지 않았을까 생각된다.

그림책 《위를 봐요!》와 《알사탕》은 용기 있는 행동과 말에 대해서 다루고 있다. 앞의 그림책에서 한 아이의 용기 있는 행동이 주변을 어떻게 변화시키는지 보여 준다면, 뒤의 그림책에서는 용기를 얻기 위해 얼마나 많은 이들의 도움이 필요한지를 보여 주고 있다. 두 그림책을 보면서 내가 누군가에게 용기를 줄 수 있는지, 나에게 용기를 주는 이가 누구인지 생각해 보는 시간을 갖게 됐다.

05

강함이 무엇이라고 생각하나요?

- 소피 블랙올 글, 그림 | 정회성 옮김 | 비룡소, 《안녕, 나의 등대》
- 에밀리 젠킨스 글, 소피 블랙올 그림 | 길상효 옮김 | 씨드북(주), 《산딸기 크림봉봉》

강함이 무엇이라고 생각하는지 질문을 받았다. 모성애, 부성애와 같은 부모의 사랑이 가장 먼저 떠올랐다. 그리고 체력과 관련된 이미지였다. 대체로 나는 '강하다'는 의미를 신체의 외적인 모습과 연결하고 있었다. 하지만 오랜 시간 생각을 정리해 보니 강하다는 건 자신의 신념을 지키며 살아가는 것이라는 생각이 들었다. 현실에서 자신의 신념을 지키며 살아가기가 참 어렵다. 다양한 이유와 환경으로 신념을 지키지 못하는 경우가 많다.

소피 블랙올 작가가 글과 그림을 그린 《안녕, 나의 등대》는 등대지기의 삶을 그린 그림책이다. 점차 사라져 가는 직업인 등대지기를 다시 조명한 책이다. 한때 등대지기의 삶을 동경한 적이 있어서 책을 보고 무척 반가웠다.

앞표지에는 등대 외부의 모습이 그려졌고, 등대 위에서 앞을 보고 있는 등대지기의 모습이 보인다. 뒤표지에는 등대 내부의 모습이 그려졌다. 표제지는 표지와 달리 앵글을 하이앵글로 바꿔서 하늘에서 바다를 내려다보는 풍경이 그려졌다. 등대 주변을 배가 마치 나선형을 그리듯 돌고 있는 모습이다. 본문 첫 펼침면은 이렇게 시작한다.

"바다 끝자락에 솟은 자그마한 바위 섬, 가장 높은 곳에 등대가 우뚝 서 있어요. 등대는 오랜 시간을 견딜 수 있도록 굳고 단단히 지어졌지요. 바다 멀리 불빛을 밝게 비추어 배들이 길을 잃지 않게 안내해요."

글에서는 등대가 어떻게 지어졌는지, 등대의 역할이 무엇인지 설명해 주고, 그림으로 이야기를 강화한다. 다음 펼침면에서는 등대 내부가 보인다. 1층 계단을 오르면 그 위에 창고, 그 위에 부엌, 그 위로 침실, 서재, 맨 꼭대기는 등대지기의 일터가 나온다. 그림을 통해 등대 내부가 어떻게 생겼고, 등대지기가 어떻게 생활하는지 가늠이 된다. 바다 위 한가운데서 등대를 지키는 등대지기의 삶은 쉽지 않을 게다. 누구와도 대화할 수 없고, 언제나 같은 풍경의 바다만을 바라보면서 자기 일을 해 나가야 한다. 이런 사람들을 보면 존경심이 절로 인다.

이 책 주인공 등대지기는 오랜 시간 동안 혼자 지내지는 않는다. 아내가 오고, 아이가 태어나면서 셋은 함께 등대를 지키며 살아간다. 작가는 연일 단조로울 것만 같은 등대지기의 삶을 다양한 모습으로 그렸다. 오로라가 펼쳐지는 밤하늘, 눈으로 뒤덮인 겨울밤, 고래들과의 조우, 안개 자욱한 바다 등등. 등대를 둘러싼 다양한 바다의 모습을 그려 넣어서 볼거리가 풍부한 그림책이다.

아이가 자라고 세월이 흘러 등대지기의 삶도 변한다. 이제 전기를 사용하게 되자 등대지기의 일도 없어진다. 렌즈를 닦는 일, 연료통에 석유를 가득 채우는 일, 밤새 램프를 돌리고, 태엽을 감아 놓는 일도 필요치 않게 됐다.

"등대지기는 계단을 타고 등대 끝까지 올라가 마지막으로 업무 일지를 한번 펼쳐 본 뒤 덮었어요. 등대지기의 가족은 짐을 꾸려 배에 싣고는 등대 주위를 도는 갈매기들에게 작별 인사를 했어요."

등대지기는 아내, 아이와 함께 등대를 떠난다. "안녕! …잘 있어! …안녕!"

그림은 등대와 멀어지는 등대지기의 가족이 탄 배를 하이앵글로 보여 준다. 마지막 장면은 수평 앵글로 등대가 보이는 곳에서 등대지기 가족이 등대를 바라보는 장면으로 끝난다.

《안녕, 나의 등대》를 보면 그림책《산딸기 크림봉봉》이 떠오른다. 에밀리 젠킨스, 소피 블랙올 작가는 산딸기 크림봉봉을 소재로 1710년, 1810년, 1910년, 2019년 4세기에 걸친 생활과 문화를 보여 준다. 앞표지에는 산딸기 크림봉봉을 만드는 여러 세대의 주인공의 모습이 보이고, 뒤표지에는 이후 4세기에 걸쳐 변하는 거품기의 모습과 산딸기 크림봉봉의 모습이 담겼다. 앞면지와 뒷면지는 산딸기로 즙을 내서 검붉게 칠했다.

이 그림책은 지식을 전달하는 정보 그림책임에도 불구하고, 디자인이 잘되어서 아름답고 미적으로 훌륭하다. 이야기는 시대에 따라 누가 어떻게 딸기와 우유를 구하고, 생크림을 어떻게 만드는지, 그리고 어디에 보관하는지, 어떻게 먹는지를 보여 준다.

본문 첫 펼침면에서는 '지금으로부터 300년 전'인 1710년, 엄마와 딸이 덤불에서 산딸기를 따고 있는 모습을 글과 그림에서 보여 준다. 산딸기를 따는 모녀 뒤쪽에는 아담한 농가가 평화롭게 보인다.

"어느새 두 사람의 손이 보랏빛으로 물들어요. 걸음을 옮길 때마다 기다란 치맛자락이 덩굴 가시에 툭툭 걸려요."

두 번째 펼침면에서는 소의 우유를 짜는 엄마의 모습과 나무 거품기로 생크림을 만드는 모습이 왼쪽, 오른쪽에 각각 그려져 있다. 세 번째 펼침면 왼쪽에는 산딸기 덩굴 그림 안에 4개의 소컷이 그려졌다. 우물에서 물을 긷는 장면, 산딸기를 천으로 꼭꼭 주무르는 장면, 생크림을 붓는 장면, 숟가락을 핥아먹는 장면으로 구성되어 있다. 그리고 오른쪽에는 양푼을 들고 엄마를 따라 언덕배기 얼음 창고로 가는 소녀와 엄마의 모습이 전체에 그려져 있다. 그리고 네 번째 펼침면에서는 저녁 식사 시간에 모인 가족들이 후식으로 산딸기를 먹는 모습이 전체 그림으로 그려져 있다. 첫 번째부터 네 번째 펼침면까지 글, 그림, 디자인 구조가 비슷하게 작업되어 네 펼침면에 4세기를 보여 준다.

2010년을 담은 마지막 시퀀스는 아빠와 아들이 이웃들과 함께 행복한 저녁을 먹는 것으로 끝이 난다. 작가는 시간이 흐르면서 산딸기와 우유를 어떻게 구하는지, 거품기와 냉장 시설이 어떻게 변하는지를 잘 보여 주면서 동시에 각각 누가 음식을 만드는지에 따라 남녀 차별, 노예 제도에 대한 문제를 그림에서 잘 나타내고 있다. 무엇보다 마지막 가족의 아빠는 싱글 대디로, 주변 지인들은 다양한 인종으로 그려 작가가 지향하는 가치를 잘 보여 준다. 이 그림책은 음식에 대한 가치와 전통에 관한 이야기를 담고 있지만 그 안에서 인종 차별, 남녀 차별, 다양한 가족의 모습 등에 대해 생각하게 한다.

이 두 작품은 모두 소피 블랙올이 그렸다. 그래선지 그림 스타일과 디자인이 비슷하다. 두 그림책에 소컷 그림을 타원형 프레임에 넣는 장치를 많이 썼다. 소피 블랙올은 두 번이나 칼데콧상을 받았다. 2016년에는 《위니를 찾아서》(미디어창비)로, 2019년에는 《안녕, 나의 등대》로 칼데콧상을 받았다.

《위니를 찾아서》는 수의사였던 실존 인물 해리 콜번과 아기 곰 위니가 1차 세계대전을 겪는 이야기다. 해리는 나중에 위니를 런던동물원에 맡기게 되는데, 훗날 동화 작가 밀른(A.A. Milne)이 아들과 함께 런던동물원에서 위니를 보게 되고, 그의 유명한 동화 《곰돌이 푸》가 탄생하게 된다.

얼마 전 텔레비전 프로그램 중 반려동물에 관한 프로그램을 봤다. 무인도에 개가 있다는 신고로 촬영이 시작됐는데, 그곳에는 11마리의 개를 키우는 젊은 청년이 있었다. 서른 살밖에 되지 않은 젊은 청년이 달랑 텐트 하나를 치고 개 11마리와 무인도에서 생활하고 있었다.

청년은 처음에 암수 3마리의 개를 키웠는데, 2마리의 암컷이 낳은 새끼가 무려 8마리나 됐다. 도저히 육지에서 키울 수가 없어서 개들을 데리고 섬으로 들어왔단다. 물론 그의 아버지가 섬과 육지를 오가며 물과 식량을 날라 주었지만 하루를 모두 개들을 위해서 사는 그의 삶이 대단해 보였다. 바다에서 식량을 구하고, 물을 나르고, 개들의 먹이와 몸을 살피며 하루를 꼬박 보내는 그, 그동안 모은 돈으로 하루하루를 살아가는 그가 정말 강한 사람이구나 생각됐다. 그리고 그런 그를 지지해 주는 아버지를 보면서 부자가 정말 대단한 사람들이라고 느꼈다.

그는 자신이 대단한 일을 하는 게 아니라며, 개들을 책임져야 하므로 섬으로 들어왔다고 했다. 그리고 섬에 들어와 사는 데는 나이가 문제가 되지 않는다고 말했다. 한때 사랑했던 자신의 반려동물을 쉽게 유기하는 사람들이 많은 요즘 세상에서 책임을 지기 위해 모든 것을 포기하고 섬에까지 들어간 그가, 그리고 그런 삶을 사는 자신이 행복하다고 말하는 그가, 자신의 신념을 지키는 그의 모습이 존경스럽고 부럽기까지 했다.

그가 얼마나 오랫동안 섬 생활을 이어 갈지는 모르겠다. 하지만 그의 꿈인 개들의 유토피아가 만들어지길 응원해 본다. 그리고 자신의 신념에 따라 사는 그의 강함을 오랫동안 기억하며 살아가려고 노력해야겠다.

시간을 낭비한다는 의미는 무엇일까요?

- 요르크 슈타이너 글, 요르크 뮐러 그림 | 고영아 옮김 | 비룡소, 《난 곰인 채로 있고 싶은데…》
- 이와무라 카즈오 지음 | 박지석 옮김 | 진선아이, 《생각하는 개구리》

최근 에세이를 쓰는 한 지인에게서 재미있는 이미지를 받았다. 출판사 마케팅 직원에게 받은 것인데, '교보문고 에세이 베스트셀러 근황'이라는 안내 문구와 함께 책 표지에 모두 자는 사람들의 모습이 담겨 있었다. 그 직원의 표현을 빌리자면 '모두 처자고 있다'였다. 그날 나 역시 '게으름에 대한 찬양'이라는 책을 읽고 있어서 한바탕 웃음을 터트렸다. 많은 사람이 코로나19로 생활이 좀 더 느슨해지고, 자신의 게으름에 질타가 아닌 위안을 받고 싶은 게 아닐까 생각됐다. 한편으로는 요즘 사람들이 점차 바쁘게 사는 것이

미덕이고, 바르다는 사고방식에서 벗어나고 있는 것 같다는 생각이 들기도 했다. 산업화된 사회에서 우리는 기계처럼 일만 하고 사는 게 아닐까? 삶에서 노동은 필요하지만, 나를 잃어버리고 노동에 묻혀 사는 삶이 진정 옳은 일일까 고민이 된다.

그림책《난 곰인 채로 있고 싶은데…》의 앞표지에는 거울을 보며 수염을 깎는 곰의 모습이 보이고, 그걸 지켜보는 인간의 모습이 거울 속에 잡혀 있다. 이야기는 늦은 가을, 동면하려고 땅속으로 들어가는 곰의 모습에서 시작한다. 겨울이 오고, 사람들이 숲 한가운데 공장을 세웠지만 곰은 아무것도 모른 채 자고 있다. 봄이 되자, 곰은 동면에서 깨고, 밖으로 나왔다. 그런데 그곳은 숲이 아니라 공장이 되어 있었다.

"이봐, 당신 여기서 무얼 하는 거야? 빨리 자리에 가서 일해!"

곰을 발견한 공장 감독이 이렇게 소리친다. 곰은 자신은 곰이라고, 인간이 아니라고 하지만, 공장 감독은 웃기지 말라며, 더러운 게으름뱅이라며, 곰을 인사과장에게 끌고 간다. 곰은 똑같이 자신이 곰이라며, 보면 알지 않느냐고 묻지만, 인사과장은 내가 무얼 보든지, 그건 자신 마음이라고 소리친다. 그렇게 곰은 점점 높은 관리자를 만나게 되고, 인간이 아니라고 해도 아무도 그의 말을 믿지 않는다. 결국 곰은 자신이 곰인 걸 증명하지 못하고 사람인 채로 일상을 살아간다. 그가 곰인 걸 증명하는 과정에서 만나는 인물들과 행동에서 많은 깨달음과 질문을 갖게 됐다. 우리는 우리가 보고 싶은 것만 보고, 믿고 싶은 것만 믿으며, 그것이 정답이라고 생각하며 사는 게 아닐까.

동물원에 있는 다른 곰들은 그가 춤을 추지 못해서, 곰과 같은 모습으로 있지 않아서, 서커스나 철장 우리 안에 있지 않는다는 이유를 대며 곰이 아니라고 말한다. 이 질문을 역으로 생각하면 그가 곰이면 춤을 잘 춰야 하고, 곰과 같은 모습으로 있어야 하고, 우리 안에 있어야 한다는 것으로 바꿔 말할 수 있다. 나는 이 부분에서 누군가를 또는 무엇을 평가할 때 객관화된 기준이나 시선으로만 평가하려는 우리의 모습이 떠올랐다. 왜 곰의 본질을 들여다보지 않고, 객관화된 기준만으로 곰을 판단하려고 할까? 다시 한 번 곰의 본질에 대해, 나에 대해, 많은 것들의 본질에 대해 생각해 보게 됐다.

사장실에 들어선 곰이 죽은 곰 가죽 카펫 위에 서 있는 장면이 있다. 곰의 시선이 어리둥절해 보이면서도 인간에 의해 죽임을 당하는 자신을 보는 것 같기도 해서 마음이 아팠다. 한편으로 곰 위에 올라선 곰이 마치 서로 경쟁하는 인간의 모습을 풍자한 것으로 보여서 마음이 찹찹했다.

　이 그림책에는 프레임이 많이 쓰였다. 글과 그림 모두 프레임 안에 가둔 것처럼 디자인되어 있다. 본질을 보지 못하고 많은 프레임에 갇혀 사는 우리의 모습을 풍자하듯 말이다. 그리고 프레임은 닫혀 있는 관계를 표현하기도 한다. 곰이 자신이 인간이 아니라는 주장을 하는 과정에서 직급 체계에 따라 상사를 만나게 되는데, 프레임의 닫힌 공간은 사무실의 닫힌 공간과 수직화, 서열화된 직급 체계를 잘 표현해 주고 있다.

　이 그림책의 원작은 《The Bear that wasn't》(프랭크 태슐린 글, 그림)로 1946년 만들어졌다(한국어판은 2021년에 나온 《곰이라고요, 곰!》이다). 1967년에는 애니메이션으로도 만들어졌고, 같은 해 스위스 작가인 요르크 슈타이너, 요르크 뮐러가 원작에서 영감을 얻어 새로운 버전(《The Bear Who Wanted to Stay a Bear》)으로 완성한 작품이다.

　곰이 진짜 곰이 될 수 있었던 건 춤을 잘 춰야 하는 것도 아니고, 서커스나 철장 우리 안에 있어야 하는 것도 아니고 바로 그의 본성, 겨울잠을 앞두고 조는 습관, 게으름을 되찾는 것이었다. 결말에서 곰은 게으름 때문에 공장에서 해고를 당하고, 다시 동굴로 들어가 긴 겨울잠을 잘 수 있게 된다. 어떤 상황에 닥쳤을 때 그 상황에 맞게 나를 변화시키는 것도 중요하지만 나의 본질을 지키는 것 역시 필요하지 않을까 한다.

그림책 《생각하는 개구리》 앞표지에는 개구리 한 마리가 두 손으로 턱을 괴고, 연잎처럼 보이는 나뭇잎에 앉아 있다. 그리고 그 옆에는 '생각하고 있다'는 글이 보인다. 생각하는 개구리의 모습이 참 귀엽다. 무슨 생각을 하고 있는 것일까 궁금하게 만든다. 본문으로 들어가면 개구리는 풀의 마음을, 조개의 얼굴을, 두꺼비의 마음을 생각하는 모습으로 초반부에 등장한다. 풀의 마음을 생각하는 개구리라니 작가가 어떻게 이런 생각을 했을까 내심 작가의 감수성에 부러움이 일었다. 그러면서 풀의 마음은 무엇일까 잠시 생각해 보다가, 개구리가 올라선 풀의 마음은 무겁겠다는 생각에 피식 웃음이 났다. 다음 장을 넘기자 풀의 마음보다 더 재미난 구절이 보였다.

"조개는 어디가 얼굴일까?"

주인공 개구리의 물음에 친구인 쥐가 당황한다. 하지만 쥐는 개구리와 함께 고민하고, 그 역시 생각에 빠진다. 정말 멋진 우정이지 않은가. 얼빠진 질문이라고 핀잔을 주지 않고 함께 고민하는 쥐와 개구리의 그림이 너무 예쁘게 보였다. 나는 이 질문에 빠졌다. 살면서 한 번도 조개의 얼굴이 어디인지 궁금하지도, 생각해 보지도 않았다. 둘은 계속 매미, 나비, 잠자리, 벌, 달팽이, 지렁이의 얼굴을 찾아 나선다. 다음 장에서는 하늘이 어디까지인지, '나'와 '너'라는 관점이 무엇인지 한동안 생각에 잠긴다. 어찌 보면 이런 고민을 한다는 건 쓸데없는 일이라고 생각될지도 모르겠다. 과연 이런 고민이 정말 쓸데없는 일일까……?

나와 너의 관점을 고민하던 둘은 이런 답을 찾아낸다.

"너는 내가 있으니까 '너'인 것, 네가 너만 있으면 '너'가 될 수 없다는 것, 나도 네가 있어서 '너'가 될 수 있는 것, 내가 나만 있다면 '너'가 될 수 없다는 것."

'나'와 '너'의 정의를 단순히 일인칭, 이인칭 대명사 개념이 아니라 '함께'하기에 나와 네가 될 수 있다는 개념으로 설명하고 있다. 나와 너를 통해서 우리가 세계를 대하는 근본적인 관점을 보여 주고 있다. 텍스트가 정말 매력적이지 않은가? 단순하지만 가장 기본적인 질문을 통해 철학을 풀어내고 있다.

이 그림책은 소제목과 함께 주로 한 펼침면에 카툰 형식처럼 여러 그림들이 배치되어 있다. 프레임은 대체로 비슷한 크기이며, 프레임 안에 그림과 글이 함께 표현되어 있다. 이야기는 하나가 아니라 여러 개 소제목으로 구성되어 있어서 그림책보다는 만화책에 가깝다는 느낌이 든다. 이야기와 그림이 단순하게 표현되어 있는

데도, 독자에게 주인공 개구리처럼 생각을 많이 하게 만든다.

《생각하는 개구리》 작가인 이와무라 카즈오는 '14마리' 시리즈로 유명한 일본 작가다. 대부분 동물이 주인공이며, 동물을 귀엽고, 사랑스럽게 잘 표현한다. 이 작품에서도 개구리와 쥐의 움직임이 사랑스럽게 잘 그려졌다.

요즘 직장을 다닐 때와 다르게 시간적 여유가 많이 생겼다. 그래서인지 아침에 생각에 잠기는 흔히 말하는 '멍'을 때리고 있다. 텃밭에 심은 싹을 보다가도, 이제 봉오리가 올라오는 봄꽃들을 보다가도, 허공에서 날갯짓하는 나비를 보다가도, 때론 아무것도 보지 않고, 듣지 않는데도 멍한 상태로 있곤 한다. 명상하는 친구한테 얘기했더니 그것도 명상의 한 방법이라고 한다. 그녀의 말을 듣고 나 역시 명상이라는 생각이 들었다.

모든 이에게 삶의 속도가 같을 순 없다. 우리는 서로 다른 삶의 속도로 산다. 어떤 시간이 누군가에게는 게으름이나 낭비의 시간이 될 수도 있지만 누군가에겐 기다림과 나를 치유하는 시간이 될 수도 있을 것 같다. 오랫동안 자라지 않던 대나무가 어느 날 내린 비에 키가 부쩍 크는 것처럼, 삶의 속도를 타인과 꼭 맞출 필요는 없을 것이다. 내 삶의 속도로 살아가면서 타인과 비교하지 않는 삶을 살면 좋겠다. 며칠 동안 매너리즘에 빠져서 동영상을 오랫동안 봤다고 나를 자책하자, 후배가 괜찮다고 위로한다. 자신에게 너무 빡빡하게 굴지 말라고 충고하는 후배의 말이 위안이 됐다.

자신을 위로할 수 있나요?

- 숀 탠 글, 그림 | 김경연 옮김 | 풀빛, 《빨간 나무》
- 조던 스콧 글, 시드니 스미스 그림 | 김지은 옮김 | 책읽는곰, 《나는 강물처럼 말해요》

    많은 이들이 자신보다 타인이 덜 상처받는다고 생각하는 것 같다. 어느 날, 친한 후배가 나에게 가족 중심인 사람이라고 했다. 나는 그 후배의 말에 부정도 긍정도 하지 않았다. 나는 가족 중심인 사람인 것 같다. 그런데 가족에게 가장 많이 상처를 받는다. 가족에게는 솔직하게 표현하지 못한다. 상처를 받았다고, 그런 의도가 아니었다고 말하기가 낯간지럽고 그런 말을 하지 않아도 알아줄 것만 같다. 그래서 오히려 더 솔직해지지 못하고, 표현을 안 하게 된다. 어쩌면 타인에게는 적당히 예의를 지키는데 가족에게 예의를 지키지 못하니 더 많은 상처를 받는 것 같기도 하다. 가족에게 상처 받거나 속상한 일을 겪을 때 나는 '그런가?'라고 생각하며 무심한 척한다. 나를 위로한 적도 없다. 내가 상처받을 때 나를 위로하는 일에 인색하지 말아야겠다. 나를 사랑하는 일이야말로 가장 중요한 일인 것 같다. 타인에게 이해받지 못하더라도 나 스스로 상처 주는 일을 하지 않기로 했다. 그리고 나를 위로해 주기로.

숀 탠의 그림책 《빨간 나무》의 주인공 소녀도 스스로 위로가 필요한 인물이다. 첫 장면 속 소녀를 보면 출근하기 힘들어하는 현대인의 모습이 겹친다. 글에서는 이미 하루가 시작되었다고 말하며, 방에는 창으로 햇빛이 밝게 들어오고 있다. 일어나기에는 이미 늦은 시간으로 보인다. 환한 밖과 달리 방 안에는 검은색 단풍잎이 떨어져 있다. 소녀의 내면 상태를 나타내고 있는 그림이다. 나는 책상 위 달팽이 그림에 눈이 갔다. 왜 달팽이를 그렸지? 달팽이는 다시 등장한다. 이야기의 중반부에서 무언가를 기다리는 소녀의 모습으로 표현된다. 카메라의 앵글이 점점 줌아웃되면서 소녀의 모습은 작아지고, 거대한 달팽이 배경이 나타난다. 작가가 두 장면에 달팽이를 그려 넣은 건 기다림이라는 메시지를 주고자 했던 게 아닐까 생각됐다. 불행이 언제까지 계속되지 않듯이, 깊은 밤이 계속 될 것 같지만 매일 아침이면 어김없이 태양이 떠오르는 것처럼 기다리면 반드시 희망이 오리라는 메시지를 전한다는 생각이 들었다. 물론 이 장면 텍스트에서는 "그러나 달라지는 것은 아무것도 없습니다"라고 쓰여 있다. 하지만 나는 그림이 글과 반대의 이야기를 하고, 글과는 반대로 끝까지 희망을 놓치지 말라고 얘기하는 것 같았다.

앞표지를 보며 왜 종이배인가를 생각해 봤다. 종이배는 언제 젖어 가라앉을지 모른다. 그런 종이배를 타고 있는 소녀는 얼마나 불안하겠는가? 그리고 물속에 잔뜩 가라앉은 어두운 색깔의 나뭇잎들과 종이배에 적힌 부정적인 텍스트들은 온통 소녀를 불안하고 우울하게 보이게 한다. 하지만 이런 외부 환경 속에서도 소녀의 모습은 참 편안해 보인다. 마치 빨간 나뭇잎을 응시하는 것 같기도 하고, 눈을 감고 조는 모습으로도 보이기도 한다. 소녀는 마치 눈을 감은 채 불안한 외적, 내적 환경을 초월한 상태처럼 느껴진다. 나는 소녀가 이런 상태가 될 수 있도록 하는 것이 바로 빨간 나뭇잎이라고 생각했다. 이 장면을 보면서 미국의 작가 O. 헨리의 《마지막 잎새》 이야기가 떠올랐다. 병에 걸려 생사를 오가는 주인공 여자인 존시에게 마지막 잎새는 삶을 이어 줄 대상인 것처럼, 빨간 나무 역시 소녀가 삶을 살아가게 하는 존재이고, 소녀 자신을 위로하는 대상이라고 여겨졌다.《마지막 잎새》이야기와 연결해서인지 빨간 나무의 표지만 보고도 해피엔딩의 결말이지 않을까 유추해 봤다.

이 그림책의 마지막 장면에 빨간 나무가 등장한다. 지친 몸을 이끌고 방 안으로 들어선 소녀의 눈앞에, 커다란 빨간 나무가 당당히 자라 있다. 그림책을 같이 읽는 모임에서 이 책을 함께 읽었는데 다들 마지막 장면을 보고 환호했다. 앞의 글과 그림은 어둡고 우울하며 읽는 독자들까지 지치게 만든다. 그런데 마지막에 반전을 이룬다. 빨간 나무는 소녀를 위로하며 희망을 말하는 게 아닐까? 나는 소녀의 모습을 통해 빨간 나무는 소녀가 내면의 상처를 어루만지고 위로해서 생겨난 것이라고 믿고 싶다. 숀 탠은 자신의 작품에 소속감에 대한 이야기를 많이 담는 편이다.《빨간 나무》역시 사회에 소속되지 못하는 인물의 상실감과 슬픔을 담고 있다. 이민자의 자식이었던 작가의 삶에서 그는 소속감에 대한 많은 질문을 계속해서 던졌을 것이다. 또한 그는 "세상은 귀머거리 기계", "마음도 머리도 없는 기계"와 같은 표현에서 볼 수 있듯이 아무도 자신의 얘기를 들어 주지 않고, 마음을 나누지 않는 인간의 삶에 대해 말하고자 한 것이 아닐까. 소녀는 기계화되는 인간의 삶, 관계와 소통의 부재, 인간성의 상실에 대한 고민으로 지치고 힘들었던 것 같다.

숀 탠의 그림책은 영화나 애니메이션을 보는 듯하다. 특히《빨간 나무》는 일본 애니메이션 《하울의 움직이는 성》을 보는 것 같았다. 거대한 첨탑, 황폐해진 도시, 하늘을 나는 물체 등은 미야자키 하야오가 연출한 애니메이션에서도 자주 등장하는 모습이다. 무엇보다 숀 탠의 그림책이 애니메이션 같은 이유는 그가 영화 디자이너이자 애니메이션 아티스트이기 때문이지 아닐까 짐작해 본다. 숀 탠은 픽사의 《월-E》 애니메이션 아티스트로 활동했고, 아카데미상을 받은 단편 영화 《더 로스트 씽(The Lost Thing, 2010)》을 연출했다. 이 단편 영화는 2000년 발표된 숀 탠의 첫 번째 그림책인 《더 로스트 씽(The Lost Thing)》을 10년 가까이에 걸쳐서 만든 것이다. 그림책 《빨간 나무》의 기계화된 도시 배경 모습과 이 영화의 배경들이 많이 겹친다. 아무래도 그림책 《빨간 나무》가 그 이듬해인 2001년에 출간된 걸 보면 두 작품이 서로 많은 영향을 준 것 같다.

　　많은 이에게 사랑받는 포리스트 카터의 동화책 《내 영혼이 따뜻했던 날들》의 주인공인 인디언 소년의 비밀 장소에도 미국풍나무가 있다. 소년은 자신만의 비밀 장소에서 영혼의 마음을 위로받고 키운다. 그림책 《빨간 나무》의 '빨간 나무' 역시 주인공의 영혼의 마음을 위로하며 성장시키는 존재가 아닐까 싶다.

　　인디언 소년의 할머니가 말했다. 사람들 모두 자신만의 비밀 장소가 필요하며, 그곳에서 영혼의 마음을 위로받고 키워야 한다고. 이 말이 오랫동안 잊히지 않았다. 나만의 비밀 장소, 나의 말을 묵묵히 들어 주고, 가지를 드리워 나를 쓰다듬어 줄 것 같은 빨간 나무가 있는 그곳이 그려지는 듯하다.

그림책 《나는 강물처럼 말해요》를 보면서 영화 《흐르는 강물처럼》이 떠올랐다. 어린 시절 봤던 이 영화에서 또렷이 떠오르는 장면이 있다. 영화 포스터에도 담긴 장면으로, 깊은 숲 강가에서 플라이 낚싯대를 드리우고 있는 주인공의 뒷모습이다. 영화를 보는 내내 등장했던 햇살에 반짝이는 강, 강물이 잔잔하게 흘러가는 모습, 굽이치고, 세차게 흐르는 물살. 어린 시절 강을 본 적은 없었지만, 강의 아름다움과 낚시의 매력에 빠지게 만든 영화였다.

그림책 앞표지에는 흐르는 강물에 몸을 담근 소년의 모습이 보인다. 면지의 그림은 색과 형태만으로 빠른 강물의 물살을 잘 보여 주고 있다.

표제지를 지나 본문 첫 펼침면에는 침대, 장난감 공룡, 말, 자동차, 집 안, 그리고 소년의 두 눈, 이렇게 6개의 조각 그림이 들어 있다. 아침마다 소년은 자신을 둘러싼 다양한 낱말 소리를 듣는다. 하지만 소년은 아무 말도 하지 못한다. 소나무, 까마귀, 달을 소리 내어 말하고 싶지만 그저 웅얼거릴 수밖에 없다. 소년은 아침을 먹고 학교에 간다. 소년의 어두운 마음을 대변하듯 색감은 어둡고 낮다. 소년을 쳐다보는 아이들의 모습에도 얼굴이 보이지 않는다. 마치 소년이 또렷한 말을 내뱉지 못한 것처럼, 아이들의 모습도 형체가 또렷하지 않다.

소년은 아이들이 자신의 입에서 혀 대신 소나무 가지가 튀어나오는 걸 보지 못한다고, 자신의 목구멍 안쪽에서 까마귀가 우는 걸 듣지 못하고, 자신의 입에서 스며 나오는 달빛을 보지 못한다고 말한다. 이 장면은 참으로 인상적으로 그려졌다. 아이의 얼굴을 클로즈업해서 소나무와 까마귀의 선을 얼굴 배경 위에 올리고, 달은 얼굴 뒷면에 배경으로 처리했다. 소년의 심란한 마음이 보이는 듯하다. 오늘 역시 소년은 자신의 차례에서 발표를 하지 못한다. 소년을 데리러 학교에 온 아빠는 발표를 잘하지 못했다는 걸 알고, 조용한 곳으로 소년을 데리고 간다. 둘이 도착한 곳은 강가다. 아빠와 소년은 강가에서 바위와 물벌레를 살피며 걷는다. 하지만 소년은 발표 시간을 떠올리며 자신을 비웃는 아이들의 모습을 생각한다.

아빠는 소년에게 강물이 어떻게 흘러가는지 보라고, 소년도 강물처럼 말한다고 알려 준다. 소년은 강물을 보며 생각한다. 물거품이 일고, 소용돌이치고, 굽이치다가, 부딪치는 강물을 보면서 강물이 어떻게 말하는지 알아 간다. 이 장면은 펼침면에 펼침 삽지를 넣어서 소년의 얼굴을 클로즈업하다가 펼침 삽지가 펼쳐지면서 드넓은 강물로 들어서는 소년의 모습으로 담았다. 그림 작가는 빛나는 햇살에 반짝이는 강물과 물살, 소년의 뒷모습을 마치 영화《흐르는 강물처럼》의 한 장면처럼 그려 넣었다. 더군다나 펼침 삽지를 이용해서 그 정서를 더욱 확장하고 있다. 이 장면을 열어 보고 시간이 멈춘 듯했다. 따뜻하게 쏟아지는 햇살, 일렁이는 강물, 부드러운 바람, 강물을 둘러싼 자연에서 위로받는 아이의 마음이 느껴졌다. 그림 작가 시드니 스미스는 다른 그림책《바닷가 탄광 마을》에서도 햇살에 반짝이는 바다의 풍경을 그렸는데, 비슷한 정서가 느껴진다. 그림 작가는 햇살에 반짝이는 대상을 참 잘 표현하는 것 같다.

강에 들어선 소년은 수영을 한다. 그리고 글에서는 "나는 울고 싶을 때마다 이 말을 떠올려요. 그러면 울음을 삼킬 수 있거든요. 나는 강물처럼 말한다."라고 보여 준다. 소년은 말하기 싫을 때마다 자신이 강물처럼 말한다고 생각하면서 용기를 내며 앞으로 나아간다. 아버지와 강물을 통해 위로를 받은 아이는 이제 강물처럼 말한다고 용기를 낸다. 정말 감동적인 그림과 글이다.

이 그림책에서 아쉬웠던 부분이 있다. 소년이 헤엄을 치는 장면에서 텍스트의 가독성을 위해서 그림 위 텍스트가 있는 부분에 색 박스를 넣어서 처리했다. 그런데 나는 색 박스를 넣은 부분이 그림을 해친다는 생각이 들었다. 글이 그림에 묻혀서 독자들이 글을 읽는데 어려움을 주는 편이 낫지 않았을까? 그랬다면 글과 그림이 하나의 장면으로 보이고, 글을 좀 어렵게 읽더라도 글의 의미를 더욱더 깊게 느낄 수 있었을 것 같다.

    나는 섬에서 나고 자라서 바다를 보며 위로를 얻는다. 잔잔한 물결이나 거센 바람에 휘몰아치는 파도, 하늘과 맞닿아서 어디가 바다인지, 하늘인지 알 수 없는 수평선, 계절마다 시시각각 변하는 바다의 색과 물살, 그리고 냄새까지. 바다를 보며 아무에게도 말할 수 없는 내 마음은 위로받는다. 어쩌면 삶을 살아가면서 가장 필요한 일은 자신을 위로할 수 있는 일인 듯하다. 나 자신을 사랑하고, 자신을 위로할 수 있어야만 타인을 위로하고, 사랑할 수 있지 않을까.

어쩌면 삶을 살아가면서 가장 필요한 일은
자신을 위로할 수 있는 일인 듯하다.
나 자신을 사랑하고, 자신을 위로할 수 있어야만
타인을 위로하고, 사랑할 수 있지 않을까.

08

당신은 무슨 색인가요?

- 이소영 글, 그림 | 시공주니어, 《파란 아이 이안》
- 송미경 글, 세르주 블로크 그림 | 문학동네, 《돌 씹어 먹는 아이》

나는 어떤 아이였을까. 어떤 색의 어른일까? 《파란 아이 이안》을 보면서 나의 어린 시절 모습을 떠올려 봤다. 어린 시절 나는 수줍음이 많았다. 우리는 성인이 됐어도 어린 시절 나인 내면아이를 간직한 채 살아가고, 그 모습을 번번이 드러낸다.

표지 그림은 앞표지와 뒤표지가 연결된 그림이다. 나선형의 그림 속에 다양한 교통 기관, 바다, 산, 나무, 우주, 고래 등을 그리는 아이의 모습이 보인다. 아이가 그린 그림은 파란색으로 그리고 아이와 제목은 검은색으로 색을 넣어 대비가 이룬다. 뒤표지에는 이런 글이 적혀 있다.

"파란색을 갖고 태어난 아이, 이안! 파란 세상에서 더 넓은 세상으로 나아가는 이안이를 응원해 주세요!"

이 그림책은 남들과 같지 않고, 조금 다르게 태어난 이안이의 이야기를 들려준다. 면지에는 수채화의 물 번짐 효과를 넣어 제목과 연결해서 맑은 파란색이 자연스럽게 칠해져 있다.

본문 첫 펼침면 왼쪽 페이지에는 갓 태어난 이안을 안고 놀라는 엄마, 아빠, 그리고 의사의 모습이 보인다. 오른쪽 페이지는 이안이의 모습만 클로즈업돼 있다. 이야기는 얼굴에 커다란 파란 점이 있는 이안이의 탄생부터 시작된다.

부모는 여러 전문가를 찾아 이안이의 얼굴에 왜 파란 점이 생겼는지, 언제 없어질지 묻는다. 하지만 아무도 제대로 된 답변을 들려주지 않는다. 엄마, 아빠는 이안이의 모습과 사람들의 시선에 힘들지만, 이안이가 건강하게 자라기만을 바라며 행복해한다. 그 뒤 이안이는 무럭무럭 자랐고, 거울을 통해 엄마, 아빠와 자신의 얼굴이 다르다는 것도, 유치원 친구들과 자신이 얼굴이 다르다는 것도 알아차리게 된다. 그리고 왜 자신만 얼굴이 다른지 묻는다.

"그건, 네가 파란색을 갖고 태어나서 그래. 사람마다 자기만의 색이 있는데, 그 색이 아주 강하면 눈에 보이는 거란다."

엄마의 설명에 이안이는 파란색을 자기 색이라고 믿는다. 나는 이 장면을 보면서 만약 이안이가 내 아이였다면, 우리 반 아이였다면 어떻게 설명해 줄 수 있을까 고민이 됐다. 이안이의 다름을 인정한 엄마였기에 가능한 설명이었을 것 같다. 여러 사람과 이 책을 같이 읽었을 때 몇몇 사람들은 나와 달리 엄마의 설명이 이안이에게 고정 관념을 갖게 한 것 같다고 말했다. 같은 장면을 사람마다 이렇게 다르게 해석하는 것도 함께 책을 읽는 재미이고, 책을 넓게 볼 수 있게 만든다.

이안은 유치원 친구들에게 자신을 '파란 아이 이안'이라고 소개한다. 친구들은 잠깐 흥미를 보일 뿐 크게 신경 쓰지 않는다. 하지만 친구들과의 문제는 다른 곳에서 일어난다. 이안이가 파란색을 모두 혼자서 가지려고 해서 친구들과 어울리지 못했다.

유치원에 새 친구가 왔다. 그런데 그 아이는 빨간 아이 롱이었다. 둘은 금세 친구가 됐다. 파란 아이 이안과 빨간 아이 롱이는 단짝처럼 꼭 붙어 다녔다. 이안이의 파란색 그림에 롱이가 빨간색을 칠했다. 곧 파란색 물감과 빨간색 물감이 번지면서 아름답게 어우러지고, 둘은 그 모습에 놀란다.

둘은 이제 더 큰 그림에, 파란색과 빨간색을 섞고, 보라색, 자주색, 제비꽃색 등 오묘한 색이 드러나자 아이들이 모여든다. 그림의 시선이 옆이 아니라 위로 옮겨졌다. 이제 아이들이 모두 모여 그림을 그리는 모습이 중앙에 크게 자리 잡고 펼침면 전체 그림으로 그려졌다.

아이들은 물감 놀이에서 자연스럽게 온몸에 물감을 칠하면서 논다. 그러고는 서로 자신이 좋아하는 물감 색으로 얼굴을 칠하며 이안이를 따라 한다. 알록달록한 친구들의 얼굴이 펼침면을 가득 채우고 있다. 결말 장면은 두 바닥으로 정리되어 있다. 화장실로 가서 물감을 씻던 이안이는 거울을 통해 자신의 얼굴에 파란 점이 사라지고 없다는 걸 알아챈다. 그러자 이안이가 파란 물감을 가져와 거울에 파란 동그라미를 그리며 끝난다. 이안이의 파란 점은 진짜 사라진 것일까? 나는 마지막 장면이 없었다면 이 책의 결말에 아쉬워했을지 모르겠다. 하지만 마지막 장면을 통해서 이안이의 파란 점이 진짜 사라지지 않았을 것 같다는 생각이 들었다. 이제 이안이가 자신의 파란 점 따위에는 신경 쓰지 않는 아이로 성장한 모습이지 않을까. 어쩌면 아이들도 더는 이안이의 파란 점을 전혀 신경 쓰지 않게 되면서 파란 점이 보이지 않는 모습으로 그린 게 아닐까 짐작됐다.

이안이의 파란 점은 장애나 편견, 또는 자신의 결점, 개성, 자신의 정체성 등 다양하게 해석될 수 있다. 그리고 마지막 결말 역시 독자 스스로 의미를 찾도록 만든다.

다시 표지를 살펴보니 이안이가 그린 그림은 친구와 함께 세계 곳곳을 여행하고픈 마음을 그린 것처럼 느껴졌다. 서로에게 용기를 주면서 삶을 더욱 사랑할 수 있게 만드는 그런 소울메이트를 기다리는 이안이의 마음이 표지에 담겨 있는 것 같다.

그림책 《돌 씹어 먹는 아이》의 글은 원래 동화였다. 단편 동화를 그림책 형식에 맞춰서 글을 수정하고 그림을 넣어서 완성했다.

표지에는 돌을 씹어 먹는 아이의 얼굴이 클로즈업돼 보인다. 돌을 씹어 먹다니? 제목과 함께 돌을 씹어 먹으면서 웃는 아이의 모습이 인상적이다. 면지는 돌이 가득한 모습이다. 면지를 지나 약표제지 자리에 돌멩이 하나가 보이고 "나는 돌 씹어 먹는 아이예요."라는 문장이 적혀 있다. 동화와 달리 처음부터 주인공 아이가 돌을 씹어 먹는 아이라는 것을 미리 알려 주고 있다. 본문 이야기는 돌이 어쩌면 이렇게 맛있냐며 감탄하는 아이의 모습으로 시작한다. 맛있는 돌을 먹는 아이의 얼굴에는 행복이 가득하다. 그림은 배경을 빼고 단순한 선 그림이어서 등장 인물에 집중하며 읽게 한다.

아이는 주변 돌을 다 먹고, 전봇대까지 먹어 버린다. 전봇대까지 먹는 자신의 모습에 실망한 아이는 결국 자신의 문제를 가족들에게 말하지 못하고 길을 떠난다. 이 장면에서 아이의 집 건물 역시 아이가 갉아 먹은 모습으로 그려졌다.

여행에서 소년은 자신처럼 돌을 먹는 할아버지를 만난다. 할아버지와 함께 간 돌산에는 돌을 먹는 아이들이 많았다. 아이는 자신과 닮은 아이들을 만나고, 누군가와 함께 돌을 먹는 것이 얼마나 행복한지 알게 된다. 실컷 돌을 먹은 아이들은 모두 집으로 돌아가고, 아이는 할아버지에게 돌을 계속 먹어도 되는지 묻는다.

"그럼, 넌 돌 씹어 먹는 아이인걸. 무엇을 먹으면 어때."

아이는 할아버지 말을 통해 위로를 받고 용기를 얻는다. 누가 무엇을 먹든 문제가 되지 않는다는 것을 깨우치고, 자신의 정체성을 찾는다.

집으로 돌아간 아이는 가족에게 자신이 돌을 씹어 먹는다는 사실을 밝힌다. 그러자 놀라운 일이 일어난다. 아빠, 엄마, 그리고 누나까지 모두 자신이 갖고 있는 비밀을 털어놓는다. 아빠는 흙을, 엄마는 녹슨 못과 볼트를, 누나는 지우개를 먹는다는 것이다. 이렇게 각자 자신의 비밀을 털어놓은 가족은 오랜 시간 펑펑 울음을 터트린다. 나는 울음을 터트리는 가족의 모습이 슬퍼 보이지 않았다. 오랫동안 서로의 비밀을 알아차리지 못한 미안함, 비밀을 털어놓고 나서 오는 위안 등이 느껴졌다. 이야기의 마지막에선 각자 도시

락을 싸서 소풍을 떠나는 가족의 모습이 그려진다. 누가 어떤 도시락을 쌌는지는 모두 잘 알 수 있을 것이다.

누구나에게나 콤플렉스가 있기 마련이다. 하지만 우리는 자신의 콤플렉스를 숨기고 살아간다. 자신을 기장 잘 이해해 줄 수 있는 가족뿐만 아니라 친구, 그리고 낯선 이에게까지.

콤플렉스는 어쩌면 자신의 개성이나 정체성이 아닐까 생각된다. 이안이의 파란 점이나 아이가 돌을 씹어 먹는 것 모두 결점이 아니라 그들의 온전한 모습이라고 생각하고 싶다. 각자가 다름을 인정해 주는 친구, 서로의 다름을 응원해 주는 가족, 그리고 타인의 다름을 인정하고 응원하는 사회가 됐으면 좋겠다. 그런 가족과 친구가 있어서 자신의 모습을 그대로 안아 주면 좀 더 행복하게 살아갈 수 있지 않을까.

각자가 다름을 인정해 주는 친구,
서로의 다름을 응원해 주는 가족,
그리고 타인의 다름을 인정하고
응원하는 사회가 됐으면 좋겠다.
그런 가족과 친구가 있어서
자신의 모습을 그대로 안아 주면
좀 더 행복하게 살아갈 수 있지 않을까.

내 마음 근력은 얼마만큼의 크기일까요?

- 곽영미 글, 율마 그림 | 남영은 감수 | 숨쉬는책공장, 《초원을 달리는 수피아》
- 하수정 그림책 | 웅진주니어, 《울음소리》

우리는 살면서 크고 작은 다양한 어려움에 처하게 된다. 어떤 이는 작은 어려움에 삶을 포기하기도 하고, 다른 이는 역경과 시련을 견디고 더 높이 뛰어오르기도 한다. 역경과 시련에 대한 마음의 근력을 회복탄력성이라 한다. 불우한 유년 시절을 동일하게 겪었더라도 어떤 이는 건강하고 정서적으로 안정된 삶을 사는 것처럼, 회복탄력성이 강한 사람들은 역경 속에서도 자신의 마음 근력을 키워 도약하고 발전해 자신이 원하는 삶을 만들려고 노력한다.

내가 쓰고, 율마 작가가 그린 그림책《초원을 달리는 수피아》

는 여성 할례를 다뤘다. 여성 할례가 지금은 많이 알려졌지만 이 책을 준비했던 시기에는 다소 생소한 얘기였다. 더군다나 아이들을 위한 그림책으로 적당할지 의문이 많았다. 원고를 쓰고 몇 군데 출판사에 돌려서 의견을 들어 봤는데, 다들 출판이 어렵다는 반응이었다. 독자층이 너무 적다는 이유였다.

처음 여성 할례에 관심을 갖게 된 것은 미국의 유명 모델이자 실제 여성 할례를 겪은 와리스 디리의 책 《사막의 꽃》을 읽고 난 뒤였다. 너무나 충격적인 이야기여서 머릿속에 강하게 남았는데, 그 뒤 몇 년이 흐르고, 우연히 참석한 테드(TED) 오프라인 강의에서 여성 할례를 취재한 한 강사의 인터뷰를 듣게 됐다. 그날부터 그녀를 만나 여러 가지 정보를 얻고, 도움을 받아 이 그림책이 완성됐다.

앞표지에는 주인공인 여자아이가 초원에 누워 있는 모습이 담겼다. 초원 위 클로즈업된 아이의 이미지는 자아가 성장한 아이를 내포하고 있다. 뒤표지에는 초원에 꽃을 피운 선인장이 보인다.

앞면지에서는 어두운 밤, 초승달과 선인장의 모습이 보인다. 뒤를 이어 표제지에는 위쪽과 아래쪽에 작은 소컷의 조랑말, 구름, 초원을 달리는 아이의 모습들이 영화의 필름처럼 보인다. 그림을 그린 율마 작가는 대학에서 영화를 공부하고 영화를 연출하기도 했다. 그래서 그림 이미지들을 줌인, 줌아웃하는 등 앵글을 자유롭게 그렸다. 본문 첫 펼침면에서는 수피아가 오른쪽으로 달리고 있다.

"태양은 이미 초원을 뜨겁게 달구기 시작했어. 내 이름은 수피아. 여덟 살이고 케냐에 살아. 나는 매일 아침 꼬박 한 시간을 달려 학교에 가. 학교는 언제나 즐거워!"

글은 그림의 의미를 고정해 주면서 아이가 누구인지, 어디로 가는지, 무엇을 좋아하는지 설명해 준다. 이처럼 그림책에서 글은 그림의 의미를 정확히 알려 주는 역할을 한다.

다음 펼침면에서는 왼쪽 페이지는 3개의 면으로, 3개의 프레임으로 분할하고, 오른쪽 페이지는 전체 그림을 넣고 있다. 그림책에 따라서 펼침면 전체 그림으로 완성해서 프레임이 없기도 하고, 페이지에 따라 프레임을 넣기도 한다. 프레임이 많은 경우, 많은 그림을 넣을 수 있어서 서사의 과정이나 사건 전개, 캐릭터의 특징들을 글이 아닌 그림으로 설명하기 쉽다.

본문의 초반부에서는 케냐 여성들의 삶을 보여 주고 있다. 그리고 수피아가 어떤 성(性)을 가진 아이인지 보여 준다. 수피아는 다른 케냐의 여자아이들처럼 집안일을 거들고 엄마처럼 가족들을 돌본다. 그리고 커서 케냐의 수도인 나이로비에 가고 싶은 꿈을 가지고 있다. 물론 그런 그녀의 꿈 얘기를 하자 쓸데없다고 아빠에게 야단을 맞기도 하지만 그녀는 굴하지 않고 나이로비를 바람처럼 달리는 자신의 모습을 상상한다.

이제 이야기는 할례를 받게 되는 언니에게로 옮겨 간다. 아미아 언니의 할례식이 다가오고, 진짜 여자가 되기 위해서 반드시 거쳐야 하는 할례를 기다린다. 할례 날이 다가오자 동네에서는 축제가 열리고, 사람들은 모두 축제를 즐긴다. 수피아는 궁금함에 할례 의식을 치르러 가는 언니와 엄마 뒤를 쫓아간다. 그리고 어둠 속에서 언니의 비명을 듣게 된다. 수피아는 언니의 비명에 겁에 질린 채 도망친다. 거대한 두려움에 질려서 도망가는 수피아의 모습이 등장한다. 나는 이 장면을 쓰면서 그리스 신화에 나오는 '메두사'의 이미지가 떠올랐다. 마녀이기도 하고, 괴물이기도 한 메두사의 이중적인 모습은 '여성 할례'가 누군가에겐 전통으로, 누군가에게는 사라져야 할 악습이 되는 모습과도 겹쳤다. 자신을 본 사람들을 돌로 만드는 메두사의 모습 역시 할례 이후 아이들의 삶이 생명을 잃는 모습과 비슷하다고 생각됐다. 이런 나의 얘기를 들은 율마 작가는 메두사의 뱀 머리에 착안해서 할례 의식이 치러지는 다리와 손의 이미지를 마치 뱀처럼 보이도록 넣고, 그 모습에 도망치는 수피아를 세 컷 연속 장면으로 넣어서 마치 그림이 움직이는 것처럼 보이듯 완성했다.

이제 이야기는 후반부에 다다른다. 초원에서 잠든 수피아는 아침이 되어 집으로 돌아오고, 엄마는 모든 것이 잘됐다며 그녀를 다독인다. 이 장면은 시선을 위에서 아래로 그렸고, 그전까지 옆에서 보던 독자의 시선을 바꿔 놓는다. 일상으로 돌아온 수피아는 모든 것이 잘됐다는 엄마의 말이 사실이 아님을 알게 된다. 할례를 받고 매일 고통 속에서 지내는 언니는 좋아하는 사람과 결혼하는 것이 아니라 설탕과 염소에 팔려 시집을 가게 된다. 수피아는 그런 언니를 보면서 자신은 그런 삶을 살고 싶지 않다고 한다.

"언니는 너무 불쌍해. 진짜 여자가 되는 건 슬픈 일일까? 그렇다면 난 언니처럼 불행한 여자가 되고 싶지 않아."

수피아는 그전까지 엄마나 언니처럼 케냐의 여성으로 인정받고, 순응하는 삶을 살고자 했다면 결말에서는 자신이 행복한 삶을 적극적으로 찾아 변화하려는 의지를 보인다. 그리고 말한다. 여자인 자신을 사랑한다고.

여성 할례라는 사회 문제를 논픽션 그림책이 아닌 픽션 그림책으로 보여 주기 위해서 무엇보다 '수피아' 캐릭터가 어떻게 변화하는지 보여 주고 싶었다. 하지만 사회 문제는 단순히 개인의 의지만으로 변화할 수 없다. 사회의 인식이 함께 변화해야 한다. 그러기 위해서는 가정 적절한 방법이 '교육'이라고 생각했다. 그래서 율마 작가와 많은 얘기를 나누며 마지막 그림에 학교를 넣었고, 교육을 통해서 아동과 사회가 변화하기를 바랐다.

회복탄력성이 강한 사람들이 갖는 공통된 특징이 있다. 그것은 '목적'과 '사회적 지지'다. 회복탄력성이 강한 사람들은 삶의 목적인 가치를 만들고 그 가치를 이루려고 노력하며, 자신만의 삶이 아니라 이타적인 도덕적 가치를 가지며 살아간다. 또한 그들 주변 사람과 건강한 관계를 맺어 사회적 지지를 받는다. 이처럼 삶의 목적과 사회적 지지가 있으면 회복탄력성을 더 많이 키울 수 있다고 한다. 많은 이들이 어려움에 처한 아동들의 이야기를 들어 주고, 지지자가 되어 주기를 바란다. 그리고 수피아와 같은 아이들이 스스로의 삶을 주체적으로 살아가며 행복하기를 꿈꾼다.

하수정이 쓰고 그린 그림책 《울음소리》는 사회적 지지를 더욱 간절히 촉구하는 이야기다. 앞표지에는 '울음소리', 뒤표지에는 '도와주세요'라는 글이 적혀 있다. 나는 이 그림책을 도서관에서 처음 봤는데, 박스에 담겨 있는 그림책이 홍보용 미니북이라 생각하고 그림책을 한참 찾았다. 이 그림책의 제본은 일반적인 그림책과는 다르다. 펼침면의 크기가 A5 정도이고, 병풍책 구조다. 앞면과 뒷면을 중간에 칼선을 넣어서 접을 수 있게 했다. 펼침면 뒷면은 하나의 큰 그림으로 완성된다.

본문 첫 펼침면에는 '쉿!' 소리와 함께 아파트의 모습이 보인다. 펼침면에는 2개의 그림이 양면에 하나씩 들어가고, 하단에 글이 적혀 있다. 배경 그림은 흑백 사진에 그림을 다시 그린 것처럼 보인다. 여기저기 곳곳에서 울음소리가 들린다. 울음소리는 흑백 사진 위의 다양한 색과 크기로 표현된다. 초록색, 연두색, 보라색, 노란색, 붉은색 울음소리는 한 여인을 이끌고, 남의 집 일에 상관하지 말라는 얘기도 적혀 있다. 여인은 소리를 따라 계단을 오르게 된다. 그리고 붉은색 반점이 있는 굳게 닫힌 대문에 다다른다. 여기까지가 앞면 이야기다. 그리고 뒷면에는 한 아이의 얼굴이 크게 그려져 있다. 연필로 그려진 아이의 얼굴에는 멍 자국으로 보이는 크고 작은 점들이 보인다. 뒤표지에서 보았던 '도와주세요'라는 글귀는 바로 아이의 얼굴 왼쪽에 자리 잡고 있다.

뒷면 전체를 가득 채운 아이의 얼굴에서 한동안 눈을 떼지 못했다. 요즘 자주 뉴스에 나오는 가슴 아픈 사건들이 떠올랐고, 그 어린아이들의 눈빛이 보이는 것만 같았다.

이 이야기의 구조는 매우 단순하다. 울음소리를 듣고 따라가는 한 여인의 모습과 울음소리를 내는 아이의 모습이 전부다. 하지만 이런 단순한 이야기 구조가 우리 주변 곳곳에서 도움을 청하는 울음소리가 존재한다는 것을 분명하게 알 수 있게 한다. 초록색, 연두색, 보라색, 노란색, 붉은색 울음소리는 정서적 학대를 받는 아이, 신체적 학대를 받는 아이, 성적 학대, 방임과 유기 등으로 아파하는 아이의 다양한 울음소리를 상징하고 있다. 그림책을 다 읽고 나서도 그림 속 많은 장소에서 누군가의 울음소리가 들리는 것 같아서 쉽사리 책을 덮을 수가 없었다.

제31회 겐트 영화제 그랑프리를 받은 일본 영화《아무도 모른다》는 네 명의 아이들이 집을 나간 엄마를 기다리며 굶주림에 죽어갔던 내용을 담고 있다. 실화를 바탕으로 만들었다는 사실에 일본 사회가 큰 충격에 빠졌는데, 우리 사회에서도 이런 영화 같은 이야기가 계속 일어나고 있다.

작가가 왜 박스형 구조의 독특한 판형으로 그림책을 제작했는지 고민해 봤다. 작가는 그림책에 우리 주변에서 누군가의 도움을 기다리는 목소리를, 숨겨진 목소리를 담고 싶었던 것 같다. 박스에 담긴 그림책은 숨겨져 있는 아이들, 우리가 세상 밖으로 꺼내 주어야 하는 아이들, 도와 달라고 요청하는 아이들의 모습이 은유 되어 보였다. 그리고 이 이야기를 좀 더 가슴 깊이 간직하라는 의미가 아닐까. 작가 소개 역시 그림책 외부 박스 뒷면에 넣고 있는데, 자신의 이력보다 이야기에 더 힘을 싣고자 한 작가의 마음이 보이는 듯하다.

3장

인생의 과정,
삶과 죽음

01

당신에게 직업은
어떤 의미인가요?

- 정인하 글, 그림 | 고래뱃속, 《밥·춤》
- 김효은 글, 그림 | 문학동네, 《나는 지하철입니다》

어린 시절 밥벌이로 직업을 선택하는 것이 좋아 보이지 않았다. 꿈과 비전이 없다고 느꼈다. 하지만 나이를 먹을수록 밥벌이가 직업이 되는 것이 당연하고 존귀한 일로 여겨졌다. 밥벌이는 단순히 밥을 먹기 위한 수단이 아니다. 부모가 자기 자식을 먹이고 키우기 위한 것처럼, 나와 내 가족을 위한 사랑과 헌신이 밥벌이인 걸 알게 됐다. 그래서 그런 밥벌이가 아무리 하찮은 일이어도 남들의 직업과 비교했을 때 작고 초라해 보일지라도 나와 내가 사랑하는 사람들을 살리고 먹이는 일이기에 기쁜 마음으로 행복하게 일할 수 있다는 점을 깨닫게 됐다.

그림책 《밥·춤》은 그런 밥벌이의 모습을 잘 담고 있다. '밥·춤'은 무슨 뜻일까? 밥을 위한 춤이라는 것일까? 밥과 춤이라는 걸까? 이 그림책은 밥벌이인 직업에 대한 열정과 기쁨이 들어 있다. 앞표지와 뒤표지는 연결된 그림이다. 여러 사람들이 춤을 추는 모습으로 그려졌다. 복장을 통해서 대략 그들이 어떤 직업인지 짐작할 수 있게 한다. 면지에는 옷걸이, 빗자루, 망치, 무, 신발 등 그들이 사용하는 복장과 도구들이 보인다.

본문 첫 번째 장면에서는 '사라락' 소리와 함께 오른쪽에 상의 한 벌이 보인다. 두 번째 펼침면에서는 세탁소에서 한쪽 다리를 들고, 한 손에는 다리미를, 다른 손에는 상의를 들고 있는 사람이 보인다. 그 모습이 마치 발레를 하는 듯하다. 다음 장에는 비닐봉지와 대파를 든 사람의 모습이 보인다. "춤을 춰요."라는 글과 함께 사람들의 동작은 모두 춤 동작처럼 보인다. 다음 장에는 서류 봉투를 운반하는 퀵 서비스 일을 하는 사람이 그려졌다. 이렇게 다양한 일을 하는 인물들의 모습이 짧은 글과 함께 보인다. 그들은 춤을 추고 있다. 다리를 쭉쭉 벌리고, 팔을 이리저리 흔든다. 다음 장에는 비질을 하는 인물, 다음은 머리에 식판을 3~4개 얹고 무림의 고수처럼 밥을 나르는 이들이 보인다. 특히 이 장면은 2개의 펼침면으로 그려졌는데, 인물의 숫자가 많아지면서 마치 인도 영화에 자주 등장하는 집단 군무를 보는 듯하다. 그 뒤에도 세신사, 택배 기사, 경찰관, 가정주부 등 다양한 인물들이 등장하고, 그들의 밥벌이인 직업을 소리와 몸짓으로 연결하고 있다. 작가는 그들이 모두 춤추고 있다고 말한다. 왜 작가는 이들이 춤을 추고 있다고 표현한 것일까? 밥벌이의 힘듦을 춤으로 승화시켜서 즐거움으로 표현한 것처럼 느껴졌다.

　이 책을 처음 보았을 때는 등장인물들이 모두 여성이라는 생각을 하지 못했다. 몇 번 보고서야 등장인물들이 모두 여성임을 알게 됐다. 우리 사회에는 아직도 많은 직종에서 남녀 차별이 존재한다. 작가는 밥벌이를 춤으로 승화시키는 동시에 등장인물을 여성으로 보여 주면서 아직도 직업 곳곳에 남아 있는 남녀 차별에 대한 문제의식을 던지고 있다.

　당신은 일터로 갈 때 어떤 교통수단으로 이동하는가? 서울 생활에서 나에게 가장 중요한 교통수단은 지하철이었다. 나는 버스보다 지하철을 더 선호한다. 심한 길치이기도 해서 버스를 갈아타는 데 어려움을 겪기도 하지만 지하철은 비교적 정확한 시간에 운

행되며, 노선을 볼 줄만 안다면 헤맬 일이 거의 없기 때문이다. 아침 지하철에서는 제각각 자신의 일터로 가는 다양한 사람들을 만나고 관찰할 수 있어서 좋았다. 일터로 향하는 사람들, 지하철로 직장을 가는 사람들의 모습이 담긴 그림책이 있다. 바로《나는 지하철입니다》다.

그림책《나는 지하철입니다》표지는 앞, 뒷면이 연결된 그림으로 그려져 있다. 서울 지하철 2호선 합정역 안 스크린 도어 앞에서 지하철을 기다리는 사람들의 모습이 보인다. 할아버지, 젊은 여성, 젊은 남성, 여학생, 할머니, 직장인들의 모습까지. 이 그림책 속에 등장하는 인물들이 그려져 있다. 앞면지에는 푸른 하늘 아래 한강 위를 달리는 지하철의 모습이 보인다. 이 그림책에서는 특이하게 앞면지 뒤에 약표제지, 표제지를 뛰어넘고 바로 이야기가 시작되는 것처럼 보인다. 그림에서는 지하철을 타려고 에스컬레이터를 오르내리는 사람들, 개찰구를 오가는 사람들, 지하철을 기다리는 사람들, 그리고 터널을 지나 달려오는 지하철의 모습이 4개의 펼침면으로 구성되어 있다. 이야기는 매일 같은 시각, 같은 길을 달리는 지하철의 독백으로 시작된다. 그리고 다시 제목인 '나는 지하철입니다'가 보이는 표제지가 나타나면서 본문으로 자연스럽게 연결된다.

이 그림책의 이야기 구조는 크게 2개로 나눌 수 있다. 앞 이야기는 지하철을 타는 일곱 명의 삶을 가까이서 자세히 보여 주고, 뒷이야기에서는 서울 시내 한 바퀴를 도는 2호선 지하철의 모습을 수많은 사람들의 인생을 멀리서 조망하듯 보여 준다.

앞 이야기에는 지하철을 타는 일곱 명의 등장인물을 2개의 펼침면으로 엇박자로 구성해 보여 주고 있다. 화자는 지하철과 등장인물 일곱 명이다. 역을 알리는 지하철의 모습이 한쪽, 등장인물이 보이는 모습 한쪽, 이렇게 한 펼침면으로 구성되어 있고, 다음 펼침면에는 그들의 삶을 이야기한다. 일곱 명의 등장인물이 각자 지하철을 타고 내리며, 그들의 삶을 말한다. 중년 남자, 제주에서 딸의 집에 해산물을 싸 들고 올라온 할머니, 아이 둘을 키우는 전라도 출신의 애 엄마, 구로동에서 구두 수선집을 운영하는 할아버지, 공부에 치인 십 대 소녀, 지하철에서 호객 행위를 하는 상인, 그리고 마지막 등장인물인 스물아홉인 이도영 씨까지. 앞 이야기의 시퀀스는 그림 구성을 동일하게 잡고 있다. 한쪽면 그림, 펼침면 그림으로 형식이다. 작가는 등장인물의 성별, 나이, 고향까지 염두하고, 다양하고 많은 사람들이 지하철을 이용하는 모습을 그렸다. 그리고 문이 열리는 범위도 다양하게 만들어서 그림의 변화를 세세하게 주고 있다. 여섯 명 등장인물까지는 그들이 어떤 일을 하는 사람인지 알 수 있도록 그들의 얼굴은 숨기고, 그들의 모습과 옷차림, 신발 등을 계획적으로 보여 준다. 그래서 앞의 여섯 명의 등장인물들은 그들의 시선이 정면으로 독자와 닿지 않는다. 하지만 일곱 번째 주인공은 등장부터 시선이 독자와 만난다. 그리고 앞의 글과는 다르게, 등장인물이 화자가 되어 말하는데, 스스로에 자문한다.

"나의 하루는 남들과 조금 다릅니다. 아침 일찍 양복을 입고 회사에 가는 대신 오늘은 무엇을 입을지, 어디로 가야 할지 고민합니다. 나는 누굴까요?"

이 책을 읽은 많이 이들이 이 장면이 가장 눈에 띄었다고 한다. 나 역시 그랬다. 그 이유는 그림의 등장인물이 독자와 눈을 마주했기 때문이다. 왜 이런 방식을 취한 것일까? 그것은 바로 일곱 번째 주인공이 작가가 말하고자 하는 주제의 중심인물이기 때문이다. 여섯 번째까지 등장했던 사람들은 지하철을 탄 목적이 분명한 사람들이며, 직장인, 학생, 할머니 등 자신의 사회적 위치와 역할을 스스로 아는 사람들이다. 하지만 일곱 번째 등장인물 이도영은 아직 직장을 구하지 못했고, 스스로 오늘은 무엇을 입을지, 어디로 가야 할지, 고민하는 사람이다. 작가는 지하철이 단순히 일터로 일하러 가거나 이동하는 이들의 교통수단만이 아닌 우리 삶을 찾는, 자아를 찾는 수단도 될 수 있다는 것을 보여 주고 있다. 지하철 2호선은 다른 지하철과는 달리 제자리로 돌아오는 순환 노선이다. 지하철 순환 노선은 지금 이도영이 취직을 하지 못하고, 자아를 찾는 과정에서 언젠가는 직업을 찾고, 스스로가 누구인지 알아 갈 것임을 보여 주고 있으며, 또 다른 누군가는 길을 잃고, 질문을 던질 수 있는 것이 우리네 인생임을 알려 주는 깃 같다. 서울을 한 바퀴 돌았다는 이도영의 이야기를 끝으로 이야기의 구조가 바뀐다. 이제 앞에서 개개인의 삶을 보여 주는 방식과 달리 지하철 전체의 모습과 수많은 사람들의 인생 전체를 보여 준다.

지하철을 기다리는 많은 사람들은 마치 독자를 보듯 앞을 보고 있다. 줌아웃, 줌인하거나, 앵글의 시선을 아래로, 위로 잡아서 지하철에 탄 많은 사람들의 모습과 지하철 내부의 분위기를 자연스럽게 보여 준다. 색은 노랗고 붉은 색감을 넣어 하루의 시간이 흘렀음을, 해가 높이 떠올랐다가 기울고 있음을 느끼게 한다. 이 이야기는 붉고 노란 계열의 색감과 지하철 외부와 내부의 다양한 앵글 기법을 사용해 하나의 시퀀스로 묶어서 각 장면들을 자연스럽게 보여 준다. 그리고 지하철의 독백이 흘러나오면서 끝이 난다.

"나는 이 길 위에서 많은 것을 만납니다. 시장에서 돌아오는 할머니의 못다 판 이야깃거리와 일곱 살 아들 생일에 사 가는 고소한 치킨 냄새를. (중략) 보이지 않는 이야기를 가득 싣고. (중략) 오늘도 우리는 달립니다."

이야기의 뒷면지는 앞면지와 동일한 그림인데, 노을 속 지하철의 모습으로 바뀌었다. 독자는 마치 아침부터 저녁까지 지하철의 하루를 구경한 느낌이 든다. 이 그림책은 지하철을 타는 많은 사람들, 일터로 가는 사람들뿐만 아니라 다양한 사연을 가진 사람들 이야기에서 우리 삶을 느끼게 하며 오늘 하루 수고했다는 인사를 누군가에게 건네고 싶게 만든다.

삶은 무엇인가요?

- 다니카와 슌타로 시, 오카모토 요시로 그림 | 권남희 옮김 | 비룡소, 《살아 있다는 건》

    살면서 중요한 것이 무엇인지 묻는 질문을 받았다면 당신은 무엇이라고 대답하겠는가? 가족, 사랑, 행복, 건강, 친구 등등. 다양한 대답들이 떠오를 것이다. 한 현자는 지금 당신 머릿속에 떠오른 것이라고 답했다 한다. 지금 당신 머릿속에 무엇이 떠올랐는가?

    그림책 《살아 있다는 건》은 일본의 국민 시인이라고 불리는 다니카와 슌타로의 시를 그림책으로 만들었다. 나는 다니카와 슌타로의 시를 좋아해서 이 그림책이 처음 나왔을 때 기대를 잔뜩 품고 보게 됐다. 하지만 첫인상은 실망스러웠다. 그러나 다시 읽어 나가자 그림책이 점점 좋아지기 시작했다. 강의를 하다 보면 좋은 그림책을 알려 달라는 요청을 가장 많이 받는다. 좋은 그림책을 꼽는 것은 자신이 그 그림책을 얼마만큼 사랑하는가에 달렸다고 생각한다. 어떤 그림책을 좋아하면 계속 보게 되고, 그 안에 있는 많은 의미들을 찾을 수 있기 때문이다.

그림책의 앞표지에는 주인공인 남매가 엄마에게서 모자를 받는 모습이 담겼다. 뒤표지에는 매미가 땅속에서 나오는 모습이다. 매미는 아직 허물을 벗고 있지 않았다. 본문 첫 페이지와 두 번째 페이지에도 매미가 등장한다. 시에 매미가 등장하지 않는데 왜 그림에서는 자주 나올까? 매미를 왜 그렸을까 생각해 봤다. 매미는 땅속에서 7년 가까이 살고, 땅 위로 올라와서는 2주에서 한 달 정도 산다. 지상에서의 매미의 짧은 인생을 통해서 인간의 삶을 돌아보게 하는 것 같았다. 매미가 태어나고 죽어 가는 모습을 통해서 인간의 삶 역시 삶과 죽음이 순환한다는 것을 알게 한다. 또한, 땅속과 땅 위 두 공간에서 다른 삶을 사는 매미의 모습 역시 인간 삶에서의 기쁨과 비애, 고난과 같은 반대의 감정과 환경을 전하는 것 같다.

이야기의 시작은 아이가 땅에 떨어진 매미와 죽은 매미 곁에 모여든 분해자 개미를 보는 모습으로 시작된다. 놀이터에서 매미를 관찰하던 아이는 누나와 함께 할아버지네로 간다. 할아버지 집에 도착한 아이는 나비 잡기를 하고, 누나는 그림을 그린다. 그림 그리기를 끝마친 누나는 자신이 그린 그림을 보고 좋아하고, 할아버지와 소년은 물놀이를 하다가 생긴 무지개를 보며 놀라워한다. 특별할 것 없는 평범한 일상이다. 아이들과 놀이터에서 놀고, 할아버지 집에 방문해서 그림을 그리거나 자연을 관찰하는.

이제 이야기는 할아버지의 집에서 벗어나 동네를 보여 준다. 같은 장면이 세 바닥으로 구성되어 있는데, 이웃들의 다양한 삶을 전한다. 처음에는 왜 이 장면을 세 바닥으로 구성했는지 이해가 되지 않았다. 여러 차례 보고 나서야 이 장면이 바로 시가 말한 주제를 담았다는 걸 알 수 있다. '낙원, 희망, 마음, 애정, 지금마을.' 이 그림 속 텍스트는 이 그림 장면 속 간판 이름이다. 특히 '지금마을'이라는 버스정류장의 이름은 작가의 주제 의식이 반영된 텍스트들임을 알 수 있다. 작가가 말하는 살아 있다는 건, 아주 대단한 것도 아니라 숨 쉬고, 뛰고, 울고, 기뻐하고, 화내는 등등의 모습들이라는 것을 알려 주고 있으며, 지금에 집중해야 한다는 것을 말하고 있다. 그림을 통해 그것이 삶임을 보여 준다.

할아버지가 집을 나서는 장면에서는 지는 노을이 현관문으로 비춰 배경색이 따뜻하면서도 분위기를 가라앉게 하면서, 노을의 따스함과는 달리 어둠을 배치해서 노년의 삶을 들여다보게 한다. 할아버지는 작가가 강조하는 '지금마을' 동네를 지나 손주인 아이들의 집으로 향한다. 그리고 아이들과 만나 즐거운 저녁 시간을 보내는 것으로 끝난다. 저녁 시간에는 남동생이 아기였을 때, 지금은 그들 곁을 떠난 할머니와의 추억이 있는 사진을 보여 준다. 삶은 태어남과 죽음이 계속 흘러간다는 것을 다시 강조하고 있다.

그림책에서도 영상처럼 특정 사건과 상황의 그림 장면을 모은 시퀀스가 존재한다. 이 그림책에서도 시퀀스가 뚜렷이 나타난다. 놀이터에서 매미를 발견하는 아이 모습이 3개의 펼침면으로, 할아버지 집에서 놀이하는 모습이 4개의 펼침면으로, 이웃의 삶이 보이는 동네 거리의 모습이 3개의 펼침면으로, 할아버지가 손주들 집으로 가서 벌어지는 모습이 4개의 펼침면으로 펼쳐지고 있다. 일상에서 매미의 죽음을 관찰하는 아이의 모습부터 할아버지 집에서 아이가 자연 속에서 아름다움과 즐거움을 찾는 모습, 이웃의 삶에서 희로애락을 알려 주는 모습, 그리고 가족이 모두 모인 자리에서 저녁을 맞이하는 모습까지 시퀀스와 함께 서사가 연결된다.

아이, 노인, 가족, 이웃, 매미, 무지개, 토마토, 해바라기, 금붕어, 가족사진 등과 같은 다양한 소재들이 삶과 잘 어우러져 '살아 있다는 것'과 '삶과 죽음'에 대한 통찰을 보여 준다.

03

삶에서 중요한 것들은 무엇일까요?

- 오사다 히로시 글, 이세 히데코 그림 | 김소연 옮김 | 천개의바람, 《첫 번째 질문》
- 호무라 히로시 글, 사카이 고마코 그림 | 엄혜숙 옮김 | 길벗스쿨, 《눈 깜짝할 사이》

첫 번째라는 의미는 첫째와 마찬가지로 순서가 가장 먼저인 차례의 뜻도 있지만, 무엇보다 앞서는 것이라는 뜻도 지니고 있기에 가장 중요하다는 의미를 포함하고 있다. 그림책 《첫 번째 질문》의 '첫 번째'는 어떤 의미가 담고 있는 것일까? 순서의 가장 먼저를 말하는 것일까? 가장 중요하다는 의미일까?

이 그림책은 제목에서 어떤 이야기일지 궁금증을 유발한다. 첫 번째 질문들은 우리가 중요하다고 여기는 가족, 친구, 직업, 건강, 돈과 같은 것들과 연결될까? 전혀 그렇지 않다. 어쩌면 왜 이런 질문 따위가 첫 번째 질문이 되냐고 반문할 수도 있다. 하지만 이 그림책을 읽으면 한동안 멍하니 생각에 잠기게 된다. 그림책에서 손이 쉽게 떨어지지 않는다. 여러 질문들을 그림과 병렬식 서사로 보여 주는 단순한 이야기이며, 각각의 질문들이 가벼워 보이지만 질문을 접하면 묘한 감정의 분열이 인다. 그리고 생각을 거듭하면 할수록 주제가 전하는 묵직함이 느껴지며, 오늘 나의 하루를 돌아보게 만든다.

그림은 수채화에 능한 이세 히데코가 그렸다. 흰색 바탕에 파란색이 그림에 주조색으로 쓰이고 있어서 맑고 깨끗한 느낌을 준다. 표지에는 한 아이가 물에 비친 구름을 바라보고 있다. 본문에 있는 그림을 썼다.

본문 첫 장면에서는 오늘 하늘을 보았는지 묻고 있다. 그림은 여러 첨탑의 종들이 흔들리는 모습과 새들, 그리고 악보대가 그려져 있다. 그림 작가는 하늘을 종소리, 새들, 노랫소리와 연결했다. 나는 하늘을 생각하면 뭉게구름이 떠올라서 첫 글과 그림에서 내가 상상했던 이미지가 아니라서 조금 어색하게 느껴졌다. 두 번째 질문은 구름과 바람에 대해 묻는다. 구름이 어떤 모양인지, 바람은 어떤 냄새인지 말이다. 이 그림은 표지 그림이다. 물웅덩이에 비친 구름을 보고 있는 아이는 마치 구름 위에 서 있는 것 같다. 그림 작가는 하늘의 구름이 아닌 땅 위에 구름을 보여 주고 있다. 이제 이 그림책이 묻는 첫 번째가 우리가 흔히 생각하는 중요한 것들과는 좀 거리가 멀다고 여겨질 것이다.

바람에 냄새가 있다고 느낀 적이 있는가? 어떤 하루가 좋은 하루인가? '고마워'라고 말한 적이 있는가? 빗방울을 가득 머금은 거미줄을 본 적이 있는지 등등 아주 세세한 질문을 던지고 있다. 아마 이 책에서 묻는 질문에 선뜻 대답하기가 어려울 것이다. 생각보다 우리는 하늘을 잘 보지 않고, 바람에 냄새가 있다고 느끼며 살아갈 여유도 없기 때문이다. 대다수 사람은 나무를 친구라고 생각한 적도 없을 것이고, 천천히 저물어 가는 서쪽 하늘에 기도한 적이 없을 것이다.

그림 작가는 자연이라는 대상 곳곳에 사람을 넣고 있다. 하얀 순백 옷을 입은 아기부터, 느티나무 아래에 선 소년과 장년의 남자, 강가에서 물을 만지는 소년, 나무 그네를 타는 소년 등. 대부분 질문이 자연에 관한 것이지만 자연과 함께하는 다양한 연령대 인간의 모습을 넣어, 자연에 인간이 속하고 있고, 그것들이 굉장히 중요하다는 것을 그림을 통해 알리고 있다. 아름다운 색과 자연, 그리고 아이와 어른의 모습을 넣은 그림에서는 질문의 의미를 더욱 확장하게 만든다.

"질문과 대답, 지금 나에게 필요한 것은 어느 쪽인가요? (중략) 가장 하고 싶은 일은 무엇인가요? 인생의 재료는 무엇일까요? (중략) 행복이란 무엇일까요?"

나에게 필요한 것은 질문일까, 대답일까? 어린 시절에는 대답을 잘하는 사람이 더 낫다고 생각됐다. 하지만 나이를 먹어 가면서 인생의 많은 일들에 정답이 없다는 것을 느끼게 되면서 질문이 더 중요하게 느껴진다.

제주로 내려온 뒤 산책을 많이 하게 됐다. 아침이면 늘 산책하려고 한다. 산책을 하면서 만나는 하늘과 바다, 풀과 나무, 새 등등을 보면서 행복하다고, 살아 있음을 느낀다. 어떤 이들은 나의 이런 여유가 시간적, 경제적 조건이 가능해서 그렇다고 말할 수 있다. 물론 그럴 수도 있지만 남들과 비교하지 않은 삶을 살고, 좀 더 소비하지 않는 삶을 살자고 노력하면 가능하다고 생각한다.

이 그림책을 읽고 나면 나는 잘 살고 있는가? 나는 행복하다고 느끼고 있는가를 묻게 된다. 행복하다고 느끼는 것은 외부의 환경이 아니라 자신에게 달려 있음을 깨닫게 된다.

그림책《눈 깜짝할 사이》는 시퀀스의 속도감을 통해서 이야기의 주제를 잘 표현하고 있다. 앞표지에는 눈 감은 여자아이 얼굴이 화면 가득 차 있다. 제목과 작가 이름은 맨 아래쪽에 표기되어 있고, 뒤표지에는 꽃에 나비가 앉아 있다. 면지는 앞, 뒤가 같으며, 밤색 계열의 색면지다. 속표지는 앞표지에 등장하는 여자아이의 눈과 코만 클로즈업하고 있다.

　이 그림책의 텍스트와 그림은 아주 단순하다. '사뿐'이라는 글과 나비가 꽃에 앉았다가 날아가는 모습을 3개의 펼침면으로, '재깍'이라는 글과 12시를 가리키는 뻐꾸기시계가 나오는 모습을 3개의 펼침면으로, '앗'이라는 글과 고양이가 지나가는 생쥐를 쳐다보다가 입에 문 모습을 3개의 펼침면으로, '퐁'이라는 글과 홍차에 들어간 설탕이 녹는 모습이 3개의 펼침으로 담겼다. 여기까지는 아주 짧은 시간을 잘 포착해 '눈 깜짝할 사이'라는 주제를 잘 표현하고 있다. 하지만 뒷이야기에서는 이야기의 속도감이 달라진다.

　홍차에 설탕을 넣는 갈래머리 여자아이의 모습은 금세 노인의 모습으로 변해 있다. 소녀에서 노인이 되기까지 긴 시간 역시 눈 깜짝할 사이라는 것을 보여 준다. 기존의 짧은 시간이 아니라 한평생에 가까운 시간을 동일한 눈 깜짝할 사이로 표현하며, 세월의 무상함과 덧없음, 빠름, 시간의 흐름과 같은 주제를 잘 드러내고 있다. 이 그림책은 꽃과 나비, 시계, 고양이, 찻잔, 소녀와 노인 이렇게 5개와 관련된 에피소드를 가지고 있으며, 3개의 펼침면으로 구성되어 있다. 이야기의 첫 번째와 두 번째 장면은 같은 장면이라 같은 그림을 사용했다고 생각했는데, 자세히 들여다보니 다른 그림이었다. 아주 짧은 시간에도 변화가 있다는 것을 보여 주고 싶었던 작가의 의도인 것 같다. 후반부 시퀀스의 갑작스럽게 변화된 속도감은 독자에게 강한 인상을 남긴다. 실제 이 그림책을 많은 이들과 읽다 보면 마지막 장면에서 탄성을 내지른다. 그 탄성에는 이런 말들이 숨겨 있을 것이다.

"아, 우리 삶이 길지 않구나. 정말 눈 깜짝할 사이구나······."

반려견이 죽던 날, 숨을 잃은 반려견이 사지가 조금씩 굳어 가는 순간, 개와 함께했던 오랜 시간들이 주마등처럼 흘러갔다. 많은 사건들이 마치 눈 깜짝할 사이, 한순간처럼 지나갔다. 우리 모두의 삶이 그러하지 않겠는가.

작가는 짧은 시간뿐만 아니라 긴 시간이라고 여기는 우리의 삶도 그리 길지 않다는 것을 말하고 싶었던 것 같다.

아름다운 꽃과 나비, 사랑스러운 고양이, 소중한 시간, 우리에게 여유와 평화를 가져다주는 티타임, 그리고 나. 아름다운 것과 사랑스러운 것들, 여유와 평화만을 누리면서 살아가기에도 우리에게 삶이 짧다는 것을 알려 준다. 그리고 시간이 소중하며, 삶과 죽음이 이어져 있다는 것도 알게 해 준다.

04

당신은
무엇을 기다리나요?

- 다비드 칼리 글, 세르주 블로크 그림 | 안수연 옮김 | 문학동네, 《나는 기다립니다》

한 지인은 치매에 걸린 아버지를 5년 넘게 집에서 돌보고 있다. 물론 지인 혼자서 돌보는 것이 아니라 남동생과 함께 돌보고 있기 때문에 지인은 직장 생활을 병행할 수 있다. 그녀는 아침이면 아버지와 남동생이 먹을 음식을 만들고 출근하고, 출근 후 장을 보고 매일 저녁 식사를 만드는 삶을 이어 가고 있다. 아버지가 병에 걸린 뒤 그녀에게는 자유 시간이 전혀 존재하지 않는다. 워낙 깔끔하고 음식을 정성스럽게 만드는 사람이어서 음식을 준비하고 만드는 일에 엄청난 시간과 에너지를 쓴다. 가끔 전화하면 그녀가 몸과 마음이 지친다고 하소연을 하기도 한다. 그럴 때면 나는 주간 보호 시설이나 치매 요양원으로 아버지를 보내라고 조언한다. 병간호가 얼마나 사람을 지치게 하는지 알기 때문이다. 하지만 그녀는 이런저런 핑계를 대며 보내기를 꺼린다. 처음에는 그런 그녀를 이해하지 못했다. 지나치게 깔끔한 그녀의 성격 때문에 고생을 사서 한다고 생각했다. 하지만 그녀와 통화하면서 한 가지 사실을 알게 됐다. 나는 그녀가 행복하지 못한 삶을 살고 있다고 생각했는데, 그녀는 나보다 더 행복한 삶을 살고 있었다. 그녀에게 아버지를 모시는 일은 힘들지만 의미가 있는 일이었다. 그녀는 아버지가 살아 계시는 동안에 즐겁게 지낼 수 있어서 좋다고 말했다. 아버지와의 유대감을 통해서 그녀는 의미 있는 삶을 그리고 타인의 잣대를 들지 않고 자신에게 행복한 삶을 살고 있었다.

그림책《나는 기다립니다》는 한때 드라마에서 소개되어 인기를 끌었다. 다비드 칼리는 많은 그림책의 글을 쓴 프랑스 작가다. 좋은 책이 많은데도 글과 그림을 같이 하지 않아서 인지도가 높지는 않지만, 나름 고정 팬들이 있는 작가다. 이 책은 판형이 독특한데, 세로가 11cm로 아주 짧고, 가로가 세로의 두 배가 넘게 길게 되어 있다. 이런 독특한 판형을 선택한 이유는 바로 이야기의 소재로 쓰인 빨간 실이 효과적으로 보여야 하기 때문이다. 앞표지에는 엉킨 실타래의 양쪽 끝을 잡고 왼쪽과 오른쪽 끝에 선 남녀의 모습과 제목과 작가 이름이 기울여서 쓰여 있다. 뒤표지에는 어린이처럼 보이는 아이가 끈 하나를 힘겹게 잡아끌고 있으며, 끈의 가운데는 심장 또는 하트 모양의 형태로 이루고 있다. "삶의 끈을 따라서……"라는 글도 보인다. 뒤표지에 있는 글과 제목을 연결해 보자. 삶의 끈을 따라서 기다리는 것은 무엇일까……?

면지는 색으로 디자인됐는데, 빨간색이다. 앞표지와 연결해서 붉은 실을 나타내는 것 같다. 다음 표제지에서는 오른쪽 하단에 붉은 실이 보이면서 독자의 시선을 끌고, 다음 페이지로 자연스럽게 연결된다. 본문 첫 펼침면에서는 뒤표지에서처럼 한 아이가 긴 붉은 실을 끌어당기고 있다. 그림의 선은 단순하고 인물에 색을 전혀 넣지 않았다. 캐나다 출신인 피터 레이놀즈의 인물 그림과도 비슷하다.

두 번째 펼침면에서는 왼쪽 끝에 열린 문이 보이고, 오른쪽 끝에는 침대에 누운 아이가 보인다. 아이는 가운뎃손가락을 입에 대고 '쉿!' 하는 포즈를 취하고 있다. 그 손가락 안에는 빨간 실이 놓여 있다. 그리고 글은 이렇게 적혀 있다. "잠들기 전 나에게 와서 뽀뽀해 주기를".

위의 장면처럼 문이 나오는 그림은 종이를 덧대서 사진을 찍고, 그 위에 그림을 그린 기법을 사용했다. 이런 장면은 뒤에 한 장면 더 나온다. 이 두 장면이 있어서 지루할 수 있는 패턴에 긴장감을 만든다.

이야기는 계속 흘러간다. 아이가 점점 커 가고, 그 과정에서 빨간 실은 엄마의 리본 끈이 되기도 하고, 아이의 스웨터가 되기도 한다. 또 크리스마스의 장식 줄이 되기도 한다. 이야기의 중반부로 들어가면서 이제 아이는 성인이 된다. 사랑을 기다리는 청년이 되어, 자신과 연결된 빨간 실을 길게 늘어뜨리고 다닌다. 성인이 된 주인공은 빨간 실을 가진 여자를 만나고, 이별하고, 전쟁의 아픔을 거치며 끝내 그녀와 결혼까지 하게 된다. 이처럼 이야기 중반까지 우리가 인생을 살면서 끊임없이 기다리는 모든 것들에 대해 적고 있다. 비가 그치는 것과 같은 작은 일부터 사랑을 기다리는 어려운 일까지. 그리고 아이들이 태어나고, 자라나고 부부가 싸우는 일상을 보여 준다.

이야기의 후반부에서는 사랑하는 이를 떠나보내고 새로운 생명이 태어나기를 기다리는 우리의 노년 인생의 모습을 보여 준다. 이 그림책은 붉은 실 모티브를 가지고 인간의 일생과 삶에서의 행복, 소중한 것들에 대해 보여 주고 있다. 붉은 실은 중국 고대 설화에서 유래됐으며, 남녀 간의 인연을 이어 준다는 믿음으로 동아시아 곳곳에 널리 퍼져 있다.

사람은 누구나 태어나면서 붉은 실을 가지고 태어나고, 그 붉은 실의 끝이 사랑하는 사람과 연결되어 있다고 한다. 지금 삶에서 당신은 무엇을 기다리는가? 사랑하는 사람? 아기? 누군가의 건강? 아니면 부와 명예?

우리는 삶에서 끊임없이 무언가를 기다리며 그들 또는 그것들과 함께 행복하게 살아가기를 바란다. 행복하게 살기 위해 일하고, 돈을 벌고, 끊임없이 사람들을 만난다. 그런데 최근 사회학자들의 연구에 따르면 의미 있는 삶을 추구하는 사람들이 더 충만하고 행복한 삶을 산다고 한다. 사회학자들은 행복은 순간적인 느낌인 경우가 많아서 행복이라는 긍정적인 감정만을 추구할 때 실제로 사람들은 더 불행해질 수 있다고 한다. 그래서 일부 학자들은 행복한 삶과 의미 있는 삶의 개념을 다르게 보며, 우리가 추구해야 할 삶은 의미 있는 삶이라고 한다. 두 삶은 어느 정도 중복되는 부분이 있지만 다른 부분도 있는데, 바로 타인과의 유대감, 시간을 쏟을 가치 있는 일을 하는 것 등이다.

어른이 된다는 건 단순히 나이만을 채워서 되는 것이 아니라고 생각한다. 어른이 되면 자신의 짊어져야 할 책임과 의무가 커진다. 진정한 어른이란 자신과 세상을 위해 가치 있는 삶을 살기 위해 노력하는 모습이 아닐까. 진정한 어른이 되는 건 쉽지 않다.

이 그림책은 붉은 실이라는 소재를 통해 나와 관계 맺는 사람들과 의미 있는 일들에 대해 생각하게 만든다. 나의 붉은 실은 어디로 가고 있는지, 나는 무엇을 기다리고 있는 것일까, 나보다 소중한 것이 무엇일까⋯⋯?

마지막 펼침면에는 붉은 실이 한 뭉치 보인다. 그리고 그 밑에는 끝이 아니라 끈이라고 쓰여 있다. 이야기의 끝이 다시 어디로 이어질지 보여 주는 위트 있는 장면이다.

인생의 마지막 성공은 무엇일까요?

- 웬디 케셀만 글, 바바라 쿠니 그림 | 강연숙 옮김 | 느림보, 《엠마》
- 인디아 데자르댕 글, 파스칼 블랑셰 그림 | 이정주 옮김 | 시공주니어, 《마르게리트 할머니의 크리스마스》

'성공'은 우리가 살면서 자주 듣고 접하게 되는 말 중 하나다. 사람들은 제각각 다른 성공의 의미가 있고 성공을 향해 살아가고 있다. 인생의 마지막 시기가 됐을 때 우리는 어떤 모습에 성공했다고 생각할까? 그때 생각하는 성공의 의미가 처음 생각했던 성공의 의미와 달라지지는 않을까? 이 두 그림책은 인생의 마지막 시기에 성공이 무엇인지에 대해 생각해 보게 만든다.

그림책 《엠마》의 주인공인 엠마는 일흔두 살의 생일날을 맞아 멋진 회색 모자와 옷차림을 하고, 꽃을 사는 할머니로 처음 등장한다. 다음 페이지에서는 할머니와 가족들이 만나는 모습이 보인다. 그녀는 많은 가족에게 둘러싸여 맛있는 음식을 먹고 선물을 받으며 즐거워한다. 그녀에게는 아들, 딸이 네 명, 손자가 일곱 명, 증손자가 열네 명 있었다. 일흔두 살, 엠마의 삶을 객관적인 시선으로 본다면 건강하고, 경제적으로 부유하다고 볼 수 있다.

    엠마는 작은 마을이 그려진 그림을 선물 받는다. 자식들에게는 멋지다고 얘기했지만, 사실 그림이 마음에 들지 않았다. 자신이 그리워하는 고향 마을이 아니어서다. 액자 속 그림에는 벽지와 같은 갈색 계열의 마을 풍경이 그려져 있었다. 어찌 보면 마치 그림이 벽지 같고, 벽지가 그림처럼 보인다. 엠마는 그림을 가만히 들여다본다. 내 시선은 액자를 바라보는 할머니 엠마의 뒷모습에 오랫동안 머물렀다. 할머니가 한참을 같은 자세로 가만히 그림을 들여다보는 것만 같았다. 나는 엠마가 그림을 보는 게 아니라 자신의 고향 모습을 상상한다고 생각됐다. 그 뒤 엠마는 물감과 붓, 이젤 등 그림 도구를 준비하고, 그녀의 기억 속에 있는 고향 마을을 그린다. 그리고 자신이 그리고 싶은 그림들을 계속 그린다. 엠마의 삶에 그림이 들어오게 됐다. 어느 날, 우연히 가족들이 엠마의 그림을 보게 되는데, 그림을 보여 주는 그녀의 모습에서 우아함과 당당함이 엿 보인다. 엠마는 그림을 통해 변했다. 이러한 그녀의 삶의 변화는 본인의 의지에서 비롯됐다.

그 뒤 엠마는 고향인 산 너머 마을도 그리고, 반려묘의 그림 등 다양한 그림을 그린다. 누군가 와서 자신의 그림을 볼 때도 있지만 늘 혼자이기에, 누가 알아주지 않아도, 쉬지 않고 그림을 그리는 이야기로 마무리된다.

그림책 《엠마》의 본문 마지막 장면은 그림책 뒤표지 장면과 동일한 그림이다. 하지만 본문 마지막 장면에는 색을 다 넣었는데, 뒤표지에는 일부 색을 뺐다. 동일한 장면인데 왜 뒤표지에는 일부 색을 뺐을지 생각해 봤다. 그림의 집중과 강조를 위해서인 것 같다. 그림에서 색이 들어간 부분과 색을 뺀 부분은 서로 대비를 이루며 그림에 더욱 집중하게 만든다.

그림책 《마르게리트 할머니의 크리스마스》 속 주인공인 마르게리트 역시 엠마처럼 경제적으로 여유로워 보인다. 그녀는 몸이 늙어서 더는 외출하지 않고, 집에서만 생활한다. 집으로 미용사, 가정부, 간호사를 불러 돌봄을 받는다. 마르게리트 할머니 역시 다정한 자녀와 손주들이 많다. 하지만 그녀는 가족들이 모이는 번거로움이 싫어 자발적으로 혼자 크리스마스를 보낸다. 엠마와 마르게리트는 나이를 먹었지만 적당히 건강하고, 경제적으로 여유롭다. 우리가 보편적으로 생각하는 노년의 삶에서 성공했다고 볼 수 있다. 하지만 이야기가 펼쳐지면서 이 두 노인의 삶은 크게 달라진다.

마르게리트는 여느 때와 똑같이 혼자만의 크리스마스를 준비한다. 할머니는 간단한 음식을 준비하고 소파에 앉아 텔레비전을 보려고 했다. 그런데 갑자기 밖에서 '쾅!' 소리가 나더니, 벨이 울렸다. 그녀는 기다리는 사람도, 찾아올 사람도 없었기에 저승사자가 자신을 데리러 왔다고 생각하며 두려워했다. 하지만 곧 자동차 고장으로 도움을 요청하는 낯선 이들이 자신의 집 앞에 있다는 것을 알게 된다. 그녀는 두려움과 의심을 하면서도 그들에게 작은 도움을 주고 그들이 저승사자도 두려운 이들도 아니라는 사실에 안도하며 다시 자신의 삶으로 돌아온다. 가족들은 고장 난 차 안에서 크리스마스 선물을 주고받으며 찬송가를 부르지만, 차의 전기가 끊겨 불이 꺼지고 음악 소리도 끊긴다. 할머니는 그들을 안쓰럽게 여기며 뭔가 특별한 것을 준비한다. 하지만 할머니가 따뜻한 무언가를 준비해서 밖으로 나간 순간, 견인차가 도착했고, 가족들은 떠나고 만다. 그들은 할머니가 나온 것을 보지 못했다. 이 장면은 글 없이 그림으로만 되어 있다.

이 이야기는 낯선 이들이 떠난 밤하늘을 올려다보는 할머니의 모습으로 이야기가 마무리된다. 마지막 문장이다.

"할머니는 죽음을 두려워했지만, 정작 할머니가 두려워한 것은 삶이었어요."

나는 이 문장이 마음에 너무나 와닿았다. 그녀가 두려워한 것은 죽음이 아니라 삶이었다. 나 역시 마르게리트처럼 "이것은 하지 말아야 해, 이곳은 위험해……."와 같은 금기 행동을 만들며 살고 있지 않았나 하는 생각이 들었다. 실패나 죽음이 두려워서 삶을 오롯이 즐기지 못하는 것이 얼마나 한심하고 어리석은가.

이 그림책은 그림의 디자인적 측면과 프레임, 프레이밍 기법이 잘 되어 있다. 이야기의 구성도 좋다. 다만 그림책 본문 이야기와 그림을 조금 덜어 내었으면 어떨까 하는 생각이 들었다. 본문 페이지가 좀 길어서 이야기의 긴장감이 풀어지는 아쉬움이 들었다.

이 두 그림책들을 읽으면서 돌아가신 외할아버지와 할머니 생각이 많이 났다. 내가 그분들의 노년을 가까이서 지켜봐서 이 두 그림책이 감동적으로 느껴졌는지도 모르겠다. 평생 넓은 땅에서 살던 두 분이 낯선 곳으로 이사를 와서 새 터전에 적응하지 못한 채 말년의 삶을 쓸쓸히 보내셨다. 두 분은 엠마나 마르게리트처럼 의지와 노력으로 스스로 변화할 수도 없었고, 타인과 만나 생각을 전

환할 기회를 얻을 수도 없었다. 나의 외할아버지와 할머니는 안타깝게도 갑자기 화석이 된 것처럼 그렇게 살다가 돌아가셨다. 나는 두 분의 삶이 실패라고 생각하지는 않는다. 두 분이 그렇게 살아서 안타까웠고, 도움이 되지 못한 일이 아쉽다.

그림책 속 두 노인의 삶을 비교해 보면서 엠마가 더 나은 삶, 성공한 삶을 살았다고 생각하지는 않는다. 엠마는 자신의 의지와 노력으로 자신의 원하는 행복한 삶의 변화를 가져왔고, 마르게리트는 타인과 우연한 만남을 통해서 자신의 삶을 돌아보는 계기를 갖게 됐다. 객관적인 가치로 엠마가 마르게리트보다 더 성공적인 삶을 살았다고 평가할 수는 있겠지만 그러한 평가가 무의미하다고 생각된다. 삶과 죽음이 동전의 양면인 것처럼 성공과 실패도 그렇지 않겠는가. 나이를 먹으면서 무언가를 평가하는 것이 얼마나 어려운지 조금씩 알게 되는 것 같다. 나는 이 두 그림책을 통해 자신이 원하는 삶으로 변하는 엠마를 만나서 좋았고, 삶을 제대로 직관할 수 있게 된 마르게리트를 만나 참으로 많은 걸 깨달았다. 살면서 오랫동안 엠마나 마르게리트처럼 내 삶을 돌아보며, 변화하는 삶을 살고 싶다.

06

부모와 함께 떠난 여행은 어땠나요?

- 장경원 글, 정민아 그림 | 느림보, 《엄마하고 나하고》

영화 《8월의 크리스마스》에서 시한부 인생을 사는 아들이 아버지에게 텔레비전 리모컨 사용법을 알려 주다가 벌컥 화를 내는 장면이 있다. 주인공은 자신이 사라지고 난 뒤 홀로 아무것도 하지 못한 채 살아갈 것만 같은 아버지의 모습에 속상해서 화를 낸 것이다.

그림책 《엄마하고 나하고》는 백 살이 된 노모를 모시고 도시로 여행을 가는 늙은 아들의 이야기다. 이 책은 아이들보다는 성인들이 더 좋아하고, 감동할 것 같다. 그림책의 표지에는 봄날 살구꽃들이 가득한 뜰에 서서 어린아이를 업고 달래는 엄마의 모습이 보인다. 아이와 엄마의 이야기인가 추측하다가 면지를 보면 생각이 바뀐다. 면지에는 표지와 달리 아기와 엄마가 아닌 커다란 남성의 옷가지와 아기처럼 작은 옷가지가 보인다. 작은 옷가지들은 이제 다시 아기가 되어 버린 할머니의 것들이다. 앞면지에는 할머니와 아들의 옷가지가 빨랫줄에 걸린 모습이 보인다. 뒷면지는 작은 옷이 빠지고 아들의 옷가지만 보인다. 앞면지와 뒷면지는 배경색이 바뀌었고, 빨랫줄에 할머니의 옷이 빠져 있음을 통해 할머니의 부재를 알려 주면서 색으로 이야기의 정서를 효과적으로 보여 준다.

본문 첫 장면에서는 화면 구도가 위에서 아래를 보고 있다. 살구꽃이 가득 핀 봄날, 주인공의 집이 보이고, 두 노인이 있다. 남자 노인은 자전거를 고치고 있고, 남자 노인의 어머니로 추측되는 할머니는 마루에서 졸고 있는 듯하다. 닭과 병아리, 강아지 등 한가롭고 평화로운 시골 풍경처럼 보인다. 글에서는 그림 정보를 확장한다. 아저씨가 자전거를 고치는 이유는 수레를 달기 위해서고, 자전거는 쉰 살, 아저씨는 스물다섯 살이 많은 이른 일곱 살, 어머니는 백 살이라고 알려 준다.

화면 구도는 점점 줌인 된다. 시선은 정면이 아니라 측면에서 할머니의 모습에 초점을 맞춘다. 그리고 글에서 젊은 시절, 힘도 셌던 할머니가 이제 거꾸로 아기가 됐다고 알려 준다. 본문 앞쪽 이야기에서는 등장인물을 소개하고, 할머니를 데리고 세상 구경을 떠나는 늙은 아들의 모습이 그려진다.

"어머니, 우리 세상 구경 가요."

(중략)

"네가 가면 나도 가야지……."

할머니는 아들과 함께하는 곳이라면 어디든 가겠다고 한다. 둘은 동네 사람들의 배웅을 받으며 시골에서 도시로 세상 구경을 떠난다.

그들이 처음 도착한 곳은 시끌벅적, 수많은 자동차로 꽉 막힌 도로다. 푸른 시골 풍경은 온데간데없고, 어둡고 흙먼지가 자욱한 도로의 모습이 보인다. 자동차에 탄 사람들은 할머니와 아들의 자전거와 수레를 보고 놀란다. 그렇게 정신없이 혼잡한 도로를 달리는 클로즈업한 그림 장면이 뒤따라 나오고, 이어 다음 장면에는 줌 아웃 된 광활한 푸른 바다가 보인다. 아들이 바다를 보여 주자 어머니는 바다가 우리 집 하늘 색깔이랑 똑같다고 한다. 바다를 보고 감탄할 할머니의 모습을 기대한 독자들에게 실망을 준다. 아들이 어렵게 노력해 도착한 바다인데, 할머니의 반응이 영 시원치 않다고 느낄지도 모르겠다. 하지만 할머니가 사건마다 왜 이런 일관적인 반응을 보였는지 뒤에서 알 수 있다.

그들은 거센 소나기도 만나고, 드디어 우리나라에서 가장 큰 도시, 그리고 서울에서 가장 높다는 빌딩에 도착한다. 이 장면의 화면 구도는 아래에서 위를 보는 시선으로 그려졌다. 아들이 빌딩을 올려다보는 모습은 마치 빌딩을 우러러보는 것처럼 보인다. 아래에서 위를 보는 화면 구도는 인물이나 대상을 확대하고 강조, 공포, 경외, 존경심, 긴장감의 고조, 우월적 입장 등의 묘사가 가능하다.

글에서는 할머니와 아들이 세상 구경을 떠난 이유가 도시에서 가장 높은 빌딩에서 그들을 초대했기 때문이라는 사실을 알려 준다. 둘은 직원들의 안내를 받으며 건물 안으로 들어섰다. 그런데 문제가 생긴다. 할머니가 승강기를 타지 않겠다고 떼를 썼기 때문이다. 그럼 그냥 돌아가면 될 것인데, 할머니는 막무가내 승강기를 타지 않고 꼭대기에 가겠다고 한다. 그 높은 빌딩을 승강기를 타지 않고 어떻게 올라가지? 처음 타 보는 승강기가 두려웠을까? 할머니는 높은 데 가서 무엇을 보려고 하냐고 묻는 아들에게 입을 꼭 다문다. 하는 수 없이 아들은 할머니를 업고 계단으로 올라간다. 그림의 시선은 계단 위에서 아래를 보여 준다. 빌딩을 올려다보는 화면 구도와 정반대의 구도를 가진다. 시선이 위에서 아래를 보는 구도는 그림의 전체 상황을 보여 주거나 설명적인 묘사가 가능하다. 이 그림책은 이렇게 화면 구도로 다양하게 잡아 그림을 역동적으로 보이게 한다.

　늙은 아들이 겨우겨우 빌딩 꼭대기에 올랐는데, 할머니는 자신의 집이 안 보인다고 말한다. 갑자기 집을 찾는 할머니가 의이할 거다. 할머니가 빌딩 꼭대기에서 보고자 했던 것은 그들의 집이었다. 아들을 따라 세상 구경을 다녔지만 할머니에게 가장 좋은 장소는 드넓은 푸른 바다도 아니며, 도시 속 높은 빌딩도 아닌 자신의 집임을 알려 준다. 이제 앞에서 할머니가 왜 바다를 보며 우리 집 하늘 색깔이랑 똑같다고 했는지 이해할 수 있다. 이 장면은 빌딩 전망대에서 지는 해로 노랗게 물든 하늘을 보고 있는 할머니와 아들의 모습으로 그려졌다. 노란색 배경은 다음 장으로도 연결된다. 다음 장에는 할머니의 방이 클로즈업돼 보인다. 오른쪽 페이지 하단에 할머니의 옷과 머리핀, 빗이 가지런히 놓여 있다. 그리고 여행에서 돌아온 지 반년도 지나지 않아 할머니가 돌아가셨다는 것을 알려 준다. 노란색 배경이 따스하면서도 마음 한구석을 쓸쓸하게 만든다.

　할머니의 머리핀은 여행 중 산 것이고, 머리빗은 할머니가 여행을 떠나면서 가지고 갔던 물건임을 알 수 있다. 이야기는 이렇게 끝날 것 같지만 마지막 장면이 남아 있다. 마지막 장면은 과거를 회상한다. 할머니와 아들이 함께 여행을 다녔던 때, 빨간 머리핀을 꽂고 아이처럼 즐거워하며 공원에서 김밥을 먹는 할머니의 모습을 보여 주며 끝이 난다. 글은 아래와 같다.

"그래도 어머니 심심하지는 않지요?

날마다 내가 찾아가잖아요!

그래도 조금 심심하면 자전거 타고 함께했던 그때를 떠올려 보세요."

이 그림책의 주조색은 주황에 가까운 노란색이다. 주황에 가까운 노란색은 가장 환하기도 하지만 슬퍼 보이기도 했다. 노란색의 상징으로는 천진난만함, 사랑스러움, 밝음, 부 등과 같이 다양하다. 아기 같은 할머니의 모습과 힘든 현실에서도 밝음을 보여 주는 늙은 아들의 모습에 노란색의 상징이 잘 담겨 있는 것 같다. 또한 할머니의 이야기는 노란색의 상징인 지혜와도 잘 연결되는 것 같다. 백 살까지 살아 보니 가장 좋은 곳이 자신의 집이라는 걸, 가장 좋은 일이 자식과 함께하는 삶이라는 큰 가르침을 준다.

이 그림책은 실제 우리나라에서 방송으로 소개된 이야기를 모티브로 했다. 나는 이 그림책을 보면서 이제 자연스럽게 생의 마지막으로 달려가는 부모를 가장 즐겁게 해 주는 일이 무엇일지, 그리고 어떻게 행복한 추억을 만들어 줄 수 있을지 생각해 보게 됐다. 어쩌면 우리 자신에게도 말이다.

홀로 살아간다면
어떨까요?

- 안녕달 그림책 | 창비, 《할머니의 여름휴가》

언젠가 라디오를 듣는데, 우리나라 사람들은 6월 중순경인 하지가 되면 기분이 좋아진다고 한다. 그 이유가 해가 길어져서 늦은 시간까지 환한 하지의 영향도 있고, 한 달 뒤인 7월 중순부터 시작되는 '여름휴가' 때문이라고 한다. 2년간 코로나19로 마치 여름휴가가 사라진 것처럼 느껴지는데, 아마 곧 여름휴가를 떠날 날이 오지 않을까 싶다. 그때 여름휴가는 아마 지금까지의 어떤 휴가보다 더 기쁘고 행복하지 않을까.

그림책 《할머니의 여름휴가》는 여름휴가를 갈 수 없는 할머니가 판타지의 힘을 통해 여름휴가를 떠나는 이야기다. 앞표지를 살펴보면 해수욕장의 바다와 모래가 사선으로 분할되어 하늘색 물빛과 노란 모래색이 보이고, 앞서 바다로 뛰어드는 강아지와 뒤따라서 구부정한 자세로 걸어가는 할머니의 모습이 보인다. 할머니의 손에는 수박 반 통이 들려 있다. 뒤표지에는 커다란 소라 껍데기가 아래쪽에 자리 잡고 그 위에 앉아 갈매기가 보인다. 갈매기와 게의 크기를 비교해 보니 소라 껍데기가 엄청나게 큰 것임을 알 수 있다. 왜 이렇게 크게 그렸을까? 궁금하지 않은가? 아이처럼 뭐든 궁금해 하면 더 젊게 산다고 하니 왜 그런지 생각해 보면 좋겠다.

    면지는 앞표지의 해수욕장의 하늘색 물빛이 더 가득 채우고 있다. 표제지 펼침면 오른쪽 페이지에는 소컷 4개로 이야기가 시작되는데, 할머니의 선풍기의 강풍 버튼이 고장 난 사실을 알려 주고 있다. 안녕달 작가는 첫 그림책《수박 수영장》부터 선풍적인 인기를 끌고 있다. 개성 있는 작가만의 그림 스타일과 공감대를 일으키는 스토리로 많은 사랑을 받고 있다. 또한 페이지에서 면 분할인 프레임을 많이 쓰는 작가이기도 하다. 그래서 그림책이 만화 같은 느낌이 난다.

    본문 첫 페이지에는 강풍 버튼이 고장 난 선풍기 앞에서 할머니와 강아지가 더위를 견디고 있는 모습이 보인다. 소박하게 차려진

밥상, 나이와 함께 늘어 간다는 약봉지, 베란다에 심어진 배추와 고추, 선인장, 창문 밖의 도시의 풍경, 살짝 열린 할머니의 방에 익숙한 침구, 벽에 걸린 가족사진 등이 정겹게 보인다. 이 한 장면을 통해서 할머니가 어떤 삶을 살고 있는지 짐작이 된다.

다음 페이지는 왼쪽 페이지가 하나의 그림으로 오른쪽 페이지는 3개의 세로 프레임으로 나눠서 할머니가 반가운 손님을 맞으러 현관문으로 나가는 동작을 연속적으로 보여 준다. 할머니의 손자가 왔다. 할머니는 손자를 반기고, 강아지는 먹을 것을 가지고 온 며느리를 반기는 모습이 우습다. 다음 페이지는 왼쪽 페이지가 3개의 가로 프레임으로 나눠서 바다로 여름휴가를 다녀온 손자가 할머니에게 줄 선물을 바지 주머니에서 꺼내는 모습과 그런 손자에게 요구르트를 건네는 할머니의 모습이 보인다. 오른쪽 페이지에는 손자의 손이 클로즈업되고, 손 위에는 소라 껍데기가 놓여 있다. 손자는 바닷소리를 들려 드린다고 말한다. 다리가 아파서 바다에 가지 못하는 할머니에게 바닷소리를 들려주려고 가져온 손자의 모습이 참으로 예쁘다. 손자는 소라 껍데기를 할머니 귀에 들려주며 바닷소리가 들리는지, 게가 움직이는 소리가 들리는지, 모래성이 잘 있는지 묻는다.

"그래, 들리는구나. (중략) 그래, 다 잘 있구나."

이제 손자와 며느리는 집으로 돌아가고, 손자는 할머니에게 소라 껍데기를 주면서 더울 때 들으면 시원해질 거라고 말한다. 다시 혼자 남겨진 할머니와 개의 뒷모습이 보이고, 할머니는 텔레비전에 나온 바다를 보고 있다. 바람 한 점 없는 오후가 되고, 갑자기 강아지가 소라 껍데기에서 나오는 빨간 게를 보고 으르렁댄다. 게를 쫓아다니던 강아지가 게를 쫓아 소라 껍데기로 들어가는 모습이 보인다. 이 장면을 보고 처음에 얼마나 웃었는지 모른다. '쑤욱'이라는 글자가 쓰여 있는데, 아무리 봐도 쑤욱 들어갈 것만 같지 않아서 웃음이 났다. 판타지 세계의 문을 이렇게 만든 작가의 유연한 사고에 엄지를 들어 올렸다. 할머니는 개인 메리가 소라 껍데기에서 나오는 걸 보게 되고, 메리의 몸에서 바다 냄새가 난다는 사실을 알게 된다. 할머니는 옛날 수영복과 커다란 양산, 가벼운 돗자리를 챙긴다. 수박 반쪽을 잊지 않는 센스까지. 그리고 메리와 함께 소라 껍데기로 들어가서 드넓은 해수욕장과 조우한다. 메리와 헤엄도 치고, 수박을 탐내는 갈매기와 수박도 나눠 먹고, 바다 햇살에 물개와 함께 살을 태우고 뒹굴거린다. 시원한 바닷바람도 느낀다.

이야기는 후반부에 다다르고, 메리와 할머니는 소라게가 이끄는 모래 언덕 위 기념품 가게에 다다른다. 가게를 구경하던 할머니는 조개로 만든 바닷바람 스위치를 사고 집으로 돌아온다. 왜 갑자기 모래 언덕 위 기념품 가게가 나오고, 조개 바닷바람 스위치가 나왔을까? 바로 선풍기의 강풍 버튼을 대체할 물건이 필요해서다. 할머니는 바닷바람 스위치를 고장 난 선풍기에 끼워서 선풍기를 고친다. 그러고는 바닷바람처럼 시원하다고 말한다. 마지막 페이지에서는 세찬 바닷바람을 보내는 선풍기만 클로즈업돼서 보인다. 작가는 할머니의 고장 난 선풍기를 놓치지 않고 해결해 주면서 그림책을 끝맺는다. 작가의 이런 감성이 그림을 보는 이에게 따듯함을 갖게 하고 삶을 희망으로 보게 만든다. 이제 다시 표지를 살펴보자. 뒤표지에 소라 껍데기가 크기가 주는 중요성을 알 수 있지 않은가! 할머니와 강아지가 소라 껍데기를 통해서 해수욕장으로 가기 때문에 눈에 띄게 크게 그렸다. 그림책을 볼 때는 이런 세심한 관찰력이 큰 도움이 된다. 가볍게 그림책을 읽는 것도 좋고, 이렇게 관찰하고 의미를 추측하면서 그림책을 보는 일이 더 즐겁다.

나이가 들어 이렇게 혼자 사는 노인들이 많다. 부부가 같이 백년해로를 누리면 더할 수 없이 좋겠지만 반려자를 먼저 보낸 경우뿐만 아니라 결혼을 하지 않은 독신들도 많기에 홀로 사는 노인들은 계속 증가할 것이다. 나의 외할아버지도 제부도에서 혼자 오랫동안 사셨다. 밭농사를 그만두고, 그림책 속 할머니처럼 개 한 마리와 살았는데, 많은 시간을 텔레비전을 보며 지냈다. 한동안 할아버지네

집을 자주 오갔는데, 하루는 집으로 돌아가려고 할아버지 집을 나와 언덕 너머 버스 정류장으로 걸어가는데, 무심결에 뒤돌아보게 됐다. 그런데 할아버지가 2층 베란다에서 나를 물끄러미 보고 있었다. 할아버지가 보고 있을 거라고 전혀 예상치 못해서 손짓도 인사도 하지 못하고 재빨리 되돌아섰다. 그리고 오랫동안 할아버지의 그 모습이 잊히지 않았다. 할아버지가 되어서도 외롭구나. 사람이 그립구나. 나는 그때 나이를 먹어도 삶은 언제나 외롭다고 생각하게 됐다.

일본 소설 《무지개 곶의 찻집》에는 남편을 일찍 잃고 홀로 바다 위 곶에 찻집을 차리고 사는 주인공이 나온다. 무지개 곶은 내비게이션으로도 찾아갈 수 없는 찻집, 하루에 손님이 한둘 올까 말까 하는 그런 외딴곳이다. 그런데 그런 곳에서 그녀가 오랫동안 홀로 긍정적으로 살아갈 수 있었던 데에는 죽은 남편이 보았다는 무지개를 보려는 그녀의 꿈이 있어서였다. 그녀는 단 하나의 꿈 때문에 희망을 가지고, 삶을 행복하게 살아간다. 꿈이란 건, 품고 있는 것만으로 큰 의미가 되지 않겠는가.

이 그림책을 읽으면서 나의 어머니가 떠올랐다. 한 번은 언니와 내가 점심을 먹고 산책을 다녀왔는데, 다녀온 장소를 듣고는 멀리 다녀왔다며 놀라셨다. 어머니의 말에는 놀람과 동시에 부러움이 담겨 있었다. 자신이 이제는 도저히 갈 수 없는 곳, 한때 잘 걷고,

마음껏 다닐 수 있었던 그때를 아쉬워하고 있었다. 나이가 들면서 몸이 예전 같지 않고, 할 수 있었던 일들을 조금씩 못하게 되어 가는 것을 인정하기란 쉽지 않다. 마음은 여전히 그대로인데 몸만 변하는 사실을 받아들이기가 쉽지 않다. 나이가 들어도 꿈을 가지고 살면 좋겠다. 할 수 없는 일들에 아쉬워하지 말고, 할 수 있는 일 중 하나의 꿈을 갖고 살면 좋겠다. 그러면 좀 더 행복하게 살 수 있지 않을까.

나이가 들어도 꿈을 가지고 살면 좋겠다.
할 수 없는 일들에 아쉬워하지 말고,
할 수 있는 일 중 하나의 꿈을 갖고 살면 좋겠다.
그러면 좀 더 행복하게 살 수 있지 않을까.

마지막 순간,
무엇을 하고 싶나요?

- 고정순 그림책 | 만만한책방, 《어느 늙은 산양 이야기》
- 글로리아 그라넬 글, 킴 토레스 그림 | 문주선 옮김 | 모래알, 《할아버지의 마지막 여름》

 자신의 인생 마지막 순간을 알 수 있다면 그건 정말 축복일 수 있다. 마지막 순간을 미리 안다면 당신은 어디에서 누구와 무엇을 하겠는가? 나는 누구와 있기보다는 내가 가장 좋아하는 장소에서 나 혼자만의 시간을 갖고 싶다.
 여기 이 질문에 나와 비슷한 생각을 하는 주인공이 있다. 그림책 《어느 늙은 산양 이야기》에 나오는 주인공 산양이다. 이 이야기는 삶의 마지막 순간을 맞이한 산양에 대한 것이다. 앞표지와 뒤표지는 모두 흰색 바탕이며 앞표지에는 늙은 산양이 지팡이를 떨어뜨린 모습으로 그려졌고, 뒤표지에는 배가 홀쭉해진 죽어 가는 산양의 모습을 형상화한 듯한 초승달이 위에 그려져 있다. 그리고 이런 글이 적혀 있다.

"어이, 잘 있게, 친구, 나는 죽기 딱 좋은 곳을 떠나네."

죽기 딱 좋은 곳은 어딜까? 산양과 나에게 죽기 좋은 곳이 어디일지 생각해 보게 된다. 노란 면지를 지나서 본문 첫 펼침면이 나온다. 오른쪽에 산양의 모습이 크게 그려졌다. 젊고 멋졌던 시절의 산양이다.

다음 장에는 앞 장면과 대조를 이루며 커다랬던 산양이 쪼그라든 것처럼 오른쪽 하단에 귀퉁이에 지팡이를 짚고 있는 산양이 보인다. 그는 이제 지팡이 없이는 한 걸음도 걷지 못하는 늙은 산양이 됐다. 작아진 산양을 보니 기분이 묘하다. 부모님들이 나이를 먹었다는 것을 갑자기 체감할 때가 있는데 그림 속 산양처럼 허리가 굽어 키가 줄어든 모습을 볼 때다.

그림은 계속 산양을 보여 준다. 어제가 오늘 같고, 오늘이 어제 같은 시간들을 보내며 힘없이 지팡이를 몇 차례 떨어뜨린 날, 산양은 자신이 곧 죽게 될 거라고, 가만히 앉아 죽을 수는 없다는 생각에 짐을 싸 들고 집을 나섰다. 하지만 나뭇가지에 앉은 새에게 인사하고, 죽기 좋은 곳을 찾아서 떠난다고 하면서도 어디로 가야 할지 몰랐다.

산양은 맨 먼저 들판이 죽기에 좋은 장소라 여기고 들판을 찾는다. 하지만 그곳엔 힘센 여러 동물들이 많아서 좋지 않다고 여긴다. 그리고 이번에는 절벽을 골랐지만 절벽을 오르기에는 그의 체력이 무리였기 때문에 강으로 찾아간다. 이번에도 강물에 비친 그의 늙은 모습이 싫어서 강에서 죽기를 포기한다.

들판, 절벽, 강을 찾은 산양은 자신의 늙음을 인정하지 못하고 있는 것 같다. 자신이 늙었음을 인정할 수 있는 이가 얼마나 될까? 죽는 순간까지 젊을 때 자신의 모습을 그리다가 끝내 강에 비친 늙은 자신의 모습을 받아들이지 못하는 산양을 보니 마치 죽는 순간까지 깨달음을 얻지 못하는 우리를 보는 것 같다. 자신의 죽음을 멋지게 마무리하고 싶다는 욕망은 누구에게나 있을 것이다.

결국 산양은 집으로 돌아와서는 내일 더 먼 곳으로, 죽기 좋은 곳으로 떠날 것을 결심하며 오랜만에 편안한 잠자리에 든다. 그리고 깊은 잠에 빠져든다. 다음 날에도 그다음 날에도. 죽기 좋은 곳을 찾아 떠났던 산양은 결국 자신의 집에서 죽음을 맞았다.

그림 속 색은 검은 먹색을 중심으로 쓰고 있다. 산양의 지팡이와 초승달에만 노란색을 넣어서 빛을 잃은, 죽어 가는 산양과 주변 모습들을 대비해 더욱 강조하고 있다.

죽기 좋은 곳으로 떠나는 산양의 방향은 왼쪽에서 오른쪽으로 그려지고, 다시 집으로 돌아오는 산양의 모습은 오른쪽에서 왼쪽으로 그려졌다. 왼쪽에서 오른쪽으로 읽기를 하는 방향과 맞아 자연스럽게 페이지 터너가 이뤄진다. 집을 나설 때와 다시 집으로 돌아올 때 새를 만나는 장면이 있는데, 고개를 들고 자신만만하게 떠났던 산양이 고개를 숙인 채 돌아오는 모습에서 안쓰러움이 느껴진다.

오래전 나는 나보다 연배가 많은 분들과 일을 한 적이 있었다. 다들 나이가 많고 생각들이 많아선지 삶에 대한 통찰력과 삶을 바라보는 모습에서 배울 것들이 많았다. 그중 가장 나이가 많았던 한 선생님이 복숭아를 먹으며 이런 얘기를 했다.

"지금 먹는 복숭아가 어쩌면 내 인생의 마지막 복숭아가 될지도 몰라."

다들 그녀의 나이를 생각하며 그 말에 공감했다. 나 역시 이 얘기가 마음에 남게 됐다. 그 이후로 제철 과일을 먹을 때나 특별한 일을 할 때 어쩌면 나의 마지막 일이 될 수도 있겠다는 생각이 들곤 했다.

삶의 마지막 순간, 우리는 산양처럼 자신이 가장 힘 있고, 화려했던 순간을 떠올리고 싶을 거다. 보통 사람이라면 대다수 그럴 것이다. 하지만 그림책 산양 이야기처럼 그것은 그리 쉬운 일이 아니다. 대단히 어려운 일이다. 어쩌면 자신이 늙었음을 인정하는 일이 죽기 전 우리가 알아야 할 가장 큰 깨달음이 아닐까 싶다.

그림책《할아버지의 마지막 여름》뒤표지에는 이런 글이 적혀 있다.

"나는 눈 깜짝할 사이에 깨달았어요. 하나씩 하나씩 잃어 가다가 결국 사라지는 건 아주 자연스러운 일이라는 걸요."

이 그림책은 할아버지의 마지막 여름을 기억하는 아이의 이야기다. 앞표지에는 빨랫줄에 걸린 이불에서 할아버지의 목마를 타고 놀이를 하는 아이의 모습이 그려졌다. 앞면지는 낚싯대를 드리운 할아버지와 아이의 모습, 뒷면지는 낚싯대를 잡은 아이와 동생이 모습이 연결되어 있다. 앞면지와 뒷면지의 그림이 잘 연결됐다.

이야기 첫 장면에서 손녀인 주인공이 할아버지가 나이가 많다고 소개한다. 할아버지는 살면서 무슨 일어나더라도 마지막까지 절대로 잃지 말아야 할 것이 미소라고 생각할 정도로 굉장히 유쾌하고 긍정적인 분이다. 할아버지는 여름이 오면 주인공을 데리고 헤엄을 치고, 신나게 노래를 불렀다. 다음 펼침면부터 할아버지가 힘을 잃어 파라솔을 펼치다가 놓친 일화며, 부드러움을 잃어 팔을 자유롭게 쓰지 못하는 일화를, 빛을 잃어서 더는 수평선 너머의 배들을 셀 수 없는 일화를, 움직임과 기억을 잃은 이야기를 보여 준다. 할아버지가 자꾸만 무언가를 잃어 가는 이야기지만 잃어 가는 것에 대해 슬퍼하지 않고 그것 자체를 즐기며 대신할 무언가가 있다는 것에 감사한다. 굳어 버린 팔 대신 그물을 쓰고, 이름을 잘못 불러도 잘못 부른 이름을 좋아하는 식으로 할아버지는 삶에서 사라지는 것들을 유쾌하게 받아들이며 자신이 사랑하는 주인공에게 즐거움을 선물한다.

할아버지가 세상을 떠난 날, 마음이 무거운 주인공에게 엄마는 걱정하지 말라고 말한다. 그리고 할아버지가 사라지기 전 아주 커다란 미소를 머금었다고 한다.

동생이 태어난 후 주인공은 동생을 함께 바다에 가서 동생에게 수영하는 법을 알려 주면서 생각한다. 아무것도 없었던 동생이 할아버지가 잃은 것을 하나씩 찾아낸다고 말한다. 둘은 주인공과 할아버지와 함께했던 것처럼 함께 걷고, 함께 헤엄치며, 함께 노래를 부를 수 있게 됐다. 주인공은 할아버지가 그립지만 슬퍼하지 않는다. 살면서 어떤 일이 일어나더라도 마지막까지 절대로 잃지 말아야 할 것은 바로 미소라고 했던 할아버지의 말을 기억하기 때문이다.

당신은 삶에서 마지막까지 절대로 잃지 말아야 할 것을 무엇이라고 생각하는가? 그리고 할아버지처럼 삶의 마지막 순간까지 이렇게 지혜롭고 여유롭게 살아갈 수 있는가? 하나씩 잃어 가는 일에 슬퍼하지 않고 받아들일 수 있는가? 나는 쉽지 않을 것 같다.

어느 순간 빨리 걸을 수 없게 되고, 자꾸만 음식을 흘리게 되는 일이 생길 때 미소로 유쾌하게 넘길 수 있을까. 지금부터 잃어 가는 일에 슬퍼하지 않도록 조금씩 연습이 필요할 것 같다. 오랜 시간이 걸리겠지만 조금씩 연습하다 보면 주인공 할아버지와 같지는 않아도 조금 더 여유로운 노인이 되어 있지 않을까. 《할아버지의 마지막 여름》은 사랑하는 손녀에게 삶과 죽음, 그리고 마지막 순간에 대한 가치를 정확히 알려 주는 책이다.

어느 순간 빨리 걸을 수 없게 되고,
자꾸만 음식을 흘리게 되는 일이 생길 때
미소로 유쾌하게 넘길 수 있을까.
지금부터 잃어 가는 일에 슬퍼하지 않도록
조금씩 연습이 필요할 것 같다.

09

가까운 누군가를
떠나보낸 일이 있나요?

- 전미화 글, 그림 | 사계절, 《씩씩해요》
- 마이클 로젠 글, 퀸틴 블레이크 그림 | 김기택 옮김 | 비룡소, 《내가 가장 슬플 때》

그림책 《씩씩해요》는 아버지를 교통사고로 잃고 난 소년의 이야기다. 이 그림책은 그림 속 색이 소년의 마음을 상징적으로 나타내고 있으며, 색을 통해 서사를 강화하는 역할을 한다.

앞표지는 노란색 배경에 아이가 혼자 서 있고, 뒤에는 엄마와 아이가 나란히 앉아 있는 뒷모습이다. 이 그림책은 초등학교 아이들과 여러 차례 읽은 적이 있는데, 나는 그때 그림책은 아이들과 함께 읽어야 제대로 읽을 수 있다는 사실을 깨달았다. 사실 아이들의 지적 수준을 낮게 보고, 얼마나 많이 알고, 느끼겠냐고 생각하며 글이 짧고 그림이 단순한 이 그림책을 선택했는데, 아이들은 내가 생각했던 것보다 아니 내가 느끼지 못한 부분까지 그림의 정서를 읽어서 놀랐다.

표지에서 아이들은 주인공이 남자인지 여자인지를 자신들의 고정 관념으로 해석하는데 아이들이 성별을 중요시한다는 사실에 다소 의아했다. 나는 그림을 보면서 주인공이 여자인지, 남자인지 한 번도 생각지 않았다. 그 뒤 교과서나 그림책 등에 나오는 그림들을 보면서 성 역할의 고정 관념을 강화하는 그림이 아닌지 눈여겨 보게 됐다.

이 그림책은 면지나 표제지 없이 이야기가 바로 시작된다. 본문 페이지는 왼쪽 글, 오른쪽 그림으로 분할되어 구성되어 있다. 먼저 첫 번째 펼침면에는 왼쪽 글이 없고, 빨간색 배경에 자동차가 공중으로 돌고 있는 모습이 보인다. 빨간색이 상징하는 피가 떠오르면서 불안정한 자동차 그림이 불안감을 고조시킨다. 누군가의 사고가 일어났다. 밝은 표지와는 달리 본문 시작에서 다른 이야기가 진행될 것 같다는 예감이 든다. 다음 페이지에서 글과 함께 아빠처럼 보이는 남자가 누워 있다.

"그건 아주 무서운 사고였대요. 아빠 차는 공중에서 크게 한 바퀴를 돌았다고 했어요."

글과 함께 앞 장면의 그림을 설명하고 있다. 배경은 여전히 빨간색으로 칠해져 있고, 아빠 몸에는 수많은 선들이 연결되어 있다. 함께 책을 읽었던 아이들은 이 선이 링거 같다고도 했고, 영혼이 빠져나가는 통로 같다고 했다. 모두 아빠의 누워 있는 자세(가로)와 많은 선들로 아빠가 사망했다는 것을 짐작했다. 주인공 아이는 아빠가 수술실에서 나오기를 기다린다. 그리고 다음 페이지는 초록색을 배경으로 아빠의 언급 없이 엄마가 바빠졌다는 이야기가 시작된다. 아이는 이제 혼자서 밥을 먹고, 혼자서 목욕을 하고, 혼자서 그네를 타야 했다. 그리고 늦은 밤, 곰돌이와 얘기하며 엄마를 기다린다.

그림의 배경색은 초록색, 주황색, 갈색, 보라색을 썼지만 채도를 달리했다. 색의 성격을 결정하는 건 채도다. 채도가 높은 색은 자극적이며, 낮으면 편안한 느낌을 준다. 이 그림책에서는 색의 채도를 달리했다. 빨강과 노란색 배경은 채도를 높여서 그림을 강하고, 선명하게 느끼게 하며, 다른 색에서는 채도를 낮춰서 편안한 느낌을 준다. 독자는 배경색을 통해서 주인공 아이의 감정을 따라갔다.

그림책을 보던 아이들은 주인공이 이불에 오줌을 싼 장면에서 그림의 배경색이 오줌의 색과 비슷하다며 연결시켰고, 엄마와 함께 산에 간 아이의 모습에서 무지개 색 언덕을 보며 색을 통해서 엄마와 아이가 웃고 있을 거라고 연상했다. 주인공보다 식탁과 목욕탕이 커서 쓸쓸해 보인다고 했다. 실제로 주인공이 홀로 밥을 먹을 때 식탁 그림이 크게 그려졌다. 아이들이 그림을 볼 때 색에 가장 민감하게 반응하고, 정서를 쉽게 대입한다. 성인 역시 그림을 볼 때 그림의 조형 요소 중 색에 가장 빨리 반응한다.

이야기에 끝부분에서 아이는 혼자 밥을 먹고, 그네도 탈 수 있다. 엄마와 아이는 아빠의 사진을 거실에 걸며, "나는 씩씩해요"라는 글과 함께 표지에서 웃고 있는 아이의 모습으로 끝이 난다.

갑작스러운 부모님의 죽음은 아무도 겪고 싶지 않지만 우리 모두에게 닥칠 수 있는 슬픔이다. 20년이 훨씬 지났지만 아버지가 교통사고로 갑작스럽게 돌아가셨던 그날 아침의 기억이 생생하게 떠오른다. 전화벨 소리와 전화기를 타고 넘어오는 아버지의 사망 소식. 충격이 무뎌질 만큼 시간이 지났지만 그날 아침 공기까지 떠오르는 것을 보면 갑작스러운 죽음은 받아들이기가 쉽지 않음을 알 수 있다.

아이들이 고른 가장 인상적인 장면은 아빠와의 함께 있는 사진이었다. 그 이유로는 아빠와 함께 있고 싶고, 더욱 씩씩하게 살 수 있을 것만 같다고 했다. 이야기를 읽는 도중 한 아이가 이렇게 얘기했다.

"혼자 할 수 있어요. 아빠가 있다고 느끼면 되잖아요."

이 책을 떠올리면 늘 그 아이의 말이 생각났다. 우리 인생에서 사라진 누군가를 있다고 느낄 수 있을까? 모든 것이 변하지 않았는데 누군가만 사라졌다는 사실에 우리는 아파하고 힘들어하는데 그런 존재가 계속 있다고 느끼며 살 수 있을까?

어쩌면 우리는 누군가의 부재를 형체로만 생각하고 있었는지 모르겠다. 그래서 그런 형체가 사라졌을 때 아파하고 슬퍼하는 것 같다. 물론 우리가 슬픈 이유는 그들과 더는 함께할 수 없고, 더는 같이 얘기하고, 웃고, 울 수 없기 때문이다. 말처럼 쉽게 되지는 않겠지만 그 아이의 말처럼 부재한 누군가가 있다고 느끼면서 살아가면 슬픔이 좀 더 작아질 수 있을 것 같다.

영화로도 만들어진 일본 소설 《원더풀 라이프》는 죽음으로 세상을 떠난 사람들이 천국으로 가기 전 머무는 중간 역에 머물면서 인생에서 가장 소중한 기억 하나를 고르는 이야기다. 나는 이 책을 읽으면서 가장 소중한 기억 하나를 고른다면 어떤 기억을 골라야 하나 많이 고민했다. 영원히 머물고 싶은 순간, 가장 소중한 기억 하나만을 고르는 일이 쉽지 않다. 당신에게 가장 소중한 기억 하나를 고르라고 하면 어떤 기억을 고르겠는가. 어쩌면 우리의 삶은 이 소중한 기억 하나를 위한 게 아닐까.

그림책《내가 가장 슬플 때》는 유명한 그림책《곰 사냥을 떠나자》의 글 작가인 마이클 로젠이 글을 썼다. 앞표지에는 잿빛 구름으로 가득한 길을 걷고 있는 중년 남자의 모습이 프레임 안에 그려졌다. 남성의 모습 역시 우울한 잿빛이며, 긴 수염, 뒤엉킨 머리카락, 길 위에 쓰러진 휴지통, 남성을 쳐다보는 개의 모습과 제목에서 남성이 슬픔에 가득 차 있음을 알 수 있다. 뒤표지에서는 앉은 남성이 독자를 보고 있다. 그리고 이런 글이 적혀 있다.

"누가 슬픈가? 모든 사람이 슬프다. 슬픔은 언제라도 나타나 너에게 온다."

뒤표지 얘기처럼 슬프지 않은 사람은 없다. 그리고 슬픔은 부지불식간에 우리에게 온다. 주인공의 슬픔이 어떤 일인지 궁금해진다.

본문 첫 번째 펼침면에는 왼쪽에 서지 사항이 있고, 오른쪽 한 면으로 이야기가 시작된다. 프레임 안에는 이를 드러내고 환하게 웃는 주인공 남성이 보인다. 그런데 글에서는 행복한 모습이 아니라 슬퍼하는 모습이라고 한다. 다른 사람들이 좋아하지 않을까 봐 행복한 척한다는 거다. 그 뒷장은 다시 우울해하는 주인공이 보인다. 그를 가장 슬프게 하는 일은 바로 자신의 곁을 떠나 버린 아들 에디 때문이다. 그는 에디를 떠올릴 때면 울화가 치민다며 "어떻게 그 녀석이 감히 그렇게 죽어 버릴 수 있냐고? 어떻게 그 녀석이 감히 아빠를 이렇게 슬프게 하냐고!"라고 소리친다. 글에는 자식의 죽음을 받아들이지 못하는 아버지의 애통함이 잘 드러났다. 그림은 8개의 작은 소컷으로 프레임 안에 들어가 있다. 에디가 태어나서 자라는 과정을 보여 준다. 그리고 마지막 1개는 그림 없이 빈 프레임이다. 살아 있다면 에디의 다른 사진으로 채워져야 할 자리를 비워서 에디의 부재를 보여 준다.

    주인공은 어떤 날에는 누군가를 붙잡고 에디에 대해 말하고 싶고, 어떤 날은 아무 말도, 누구와도 얘기하고 싶지 않다고 한다. 그리고 슬픔을 이겨 낼 여러 방법을 생각해 보기도 한다. 다른 사람의 슬픔 찾아보기, 슬픔은 무서운 것이 아니라고 여기기, 날마다 즐거운 일 한 가지씩 하기, 슬픔에 대해 글쓰기 등. 사랑하는 자식을 잃고, 어떻게든 이겨 내 보려는 주인공의 마음이 느껴진다.

    하지만 뜻대로 되지 않고, 슬픔이 커져서 삶을 놓고 싶은 순간, 그는 문득 창밖을 바라본다. 일상을 살아가는 사람들을 통해 어린 시절 어머니와의 추억을 떠올리고, 웃으며 거리를 걷던 에디의 모습을 그려 본다. 학예회에서 노인 역할을 연기했던 모습, 베개 받기 놀이를 하던 모습, 가족들이 모두 모여서 에디의 생일을 축하했던, 케이크 위 수많은 촛불로 가득했던 그날의 행복했던 기억을 떠올린다. 그리고 마지막 장면은 다시 회상이 아니라 현재, 제자리로 돌아온다. 마지막 펼침면은 글 없이 하나의 그림으로만 되어 있다. 책상 위 촛불 하나와 사진 액자 뒷모습이 보이며, 한 손에 연필을 쥐고 있고, 턱을 괴고 사진과 촛불을 보고 있는 주인공의 모습이 그려졌다. 사진 속 인물은 에디일 것이다. 주인공은 아무 느낌 없이 사진과 촛불을 보고 있는 듯하다. 더는 화가 나거나 슬프지 않은 표정의 얼굴이다. 그림 전반에 공허함이 가득하다. 아픔과 슬픔의 감정도 시간이 지나 사라지고, 아무것도 느껴지지 않는 공허함만 있을 뿐이다. 하지만 방 안에 하나 남은 촛불을 통해, 주인공의 마음 가장 깊은 골짜기에 조금이라도 희망이 생겨났으면 하는 바람이 인다. 그의 인생에서 기쁨이었던 수많은 촛불이 사라졌어도, 단 하나의 남은 촛불이 주인공을 일으켜 세우고 삶을 살아가게 하는 힘을 줬으면 한다.

    이 그림책은 글과 그림이 무겁다. 뚜렷한 이야기가 있는 것도 아니다. 슬픔에 찬 주인공을 묵묵히 보여 줄 뿐이다. 그림의 어두운 색이나, 거칠고 지저분해 보이는 선 역시 많은 이들이 좋아할 것 같지 않다. 하지만 모든 사람이 슬프고, 슬픔은 언제라도 올 것을 우리는 알기에 슬픔에 빠진 그를 가만히 들여다보게 된다. 그리고 그의 슬픔과 공허함을 이해하고, 그와 동일시된다.

누군가 큰 슬픔을 접한 이에게 선뜻 위로의 말이나 행동을 건네기가 힘들다. 위로를 위해 던진 말이나 행동이 그들에게 더 큰 상처나 고통이 되지 않을까 걱정이 앞선다. 그러다 보니 자연스럽게 위로의 순간을 놓치게 된다. 우린 모두 위로에 서툴다. 서툴기 때문에 위로에 소극적인 사람보다는 어색하고 보잘것없는 위로일지라도 마음을 보이고 위로하는 것이 더 필요하지 않을까. 슬픔을 접한 이의 말에 고개를 끄덕여 주고, 말없이 손을 잡아 주고, 등을 토닥여 주는 일은 서툴게라도 할 수 있지 않을까.

슬픔을 접한 이의 말에 고개를 끄덕여 주고,
말없이 손을 잡아 주고, 등을 토닥여 주는 일은
서툴게라도 할 수 있지 않을까.

10

죽음이 준비됐나요?

- 볼프 에를브루흐 글, 그림 | 김경연 옮김 | 웅진주니어, 《내가 함께 있을게》

나는 죽음에 대해 많은 생각을 하면서 살아가는 편이다. 주변 지인들은 죽음에 대한 이야기를 나누거나 자신의 죽음 이후의 장례 절차와 같은 이야기를 나누는 것을 그리 좋아하지 않는다. 누군가는 죽음을 생각하며 인생을 살아가는 것에 부정적으로 생각할 수도 있겠으나, 나는 많은 죽음 관련 교육학자들이 말하는 것처럼 죽음 교육은 삶의 감수성을 높이는 일이라는 생각한다. 죽음을 생각하기 때문에 내가 살아가고 있음을 정확히 인식하고, 어떻게 살아야 할지, 나의 행복이 무엇인지를 더 열심히 고민하며 살아가는 것 같다.

그림책 《내가 함께 있을게》 앞표지에는 오리가 목을 쭉 뻗고 하늘을 바라보고 있다. 뒤표지에는 빨간 튤립 한 송이가 살짝 왼쪽으로 기울어져 있다. 면지는 표지 배경과 동일한 옅은 노란색으로 표현됐다. 표제지에는 표지의 오리가 왼쪽으로 고개를 돌린 모습이고, 약표제지에서는 서로 마주 보며 걷는 오리의 모습이 보인다. 고개를 위로 왼쪽, 오른쪽 돌리는 모습의 오리는 무언가를 찾는 느낌이다. 본문은 이렇게 시작된다.

"얼마 전부터 오리는 느낌이 이상했습니다.

"대체 누구야? 왜 내 뒤를 슬그머니 따라다니는 거야?"

"와, 드디어 내가 있는 걸 알아차렸구나. 나는 죽음이야."

죽음이 말했습니다."

글과 함께 뒤돌아선 오리 뒤에는 옷을 입은 해골이 다가와 있다. 해골의 손에는 뒤표지에서 보았던 빨간 튤립이 쥐어져 있다. 첫 페이지를 넘기고 나면 이 그림책이 죽음에 관한 이야기임을 알아차릴 수 있다.

나는 이 그림책을 처음 봤을 때, 죽음을 어떤 이미지로 그리면 좋을까 고민됐다. 처음에는 해골 이미지가 무섭고 강하기도 하고, 전형적인 느낌이 있어서 해골로 표현된 것이 못내 아쉬웠다. 그렇다고 해골보다 더 좋은 죽음을 나타내는 이미지가 떠오르지는 않았다.

깜짝 놀란 오리는 죽음에 지금 자신을 데리러 온 것인지 묻는다. 그러자 죽음은 만일을 대비해서 그동안 쭉 오리 곁에 있었다고 말한다. 죽음이 우리와 쭉 함께했다는 사실이 놀랍기도 하면서 고개가 끄덕여진다. 우리가 인정하고 싶지 않지만 죽음은 우리가 태어난 순간부터 우리와 함께했다. 만일을 대비해서 무언가를 대비하는 일이 늘 바람직하고 긍정적인 이미지로 연상이 됐는데, 죽음이 만일을 대비해서 우리와 함께했다니 기분이 어떠한가?

오리와 죽음은 친구가 된다. 둘은 서로를 위하며 꽤 괜찮은 친구가 되어 죽음에 관해 이야기를 나누기도 하고, 오리가 늘 놀던 연못이 아니라 새롭고 해 보고 싶었던 나무에 오르는 일도 해 본다.

죽음은 삶이 걱정과 함께하는 과정이라고 말한다. 죽음이 말한 삶의 정의를 듣고 뒤통수를 맞은 듯 멍하다. 우리는 참으로 어리석게도 많은 일을 걱정하며 살아간다. 심지어 일어나지 않을 일까지 걱정하면서 말이다. 스스로를 이성적이고 논리적인 사람이라며 자부하면서 살아가는데, 우리가 걱정하고 내리는 결론은 참으로 감정적임을 알 수 있다. 우리가 걱정하는 일이 실제 일어날 확률이 극히 낮은 것을 알면서 우리는 불안해하며 걱정한다. 그런데 죽음의 얘기처럼 우리가 걱정하는 것은 우리가 살아 있다는 것, 그리고 그것이 삶이라는 생각에 나는 조금 마음이 가벼워졌다.

오리가 자신이 죽으면 연못이 사라지겠다고 걱정하자, 죽음은 이렇게 말한다.

"네가 죽으면 연못도 없어져. 적어도 너에게는 그래."

죽음은 어찌 보면 저승사자와 같은 상징적 존재다. 마치 오리는 자신을 찾아온 저승사자에게 자신이 죽을 수 없는 이유를 대는 것 같다. 나도 똑같을 것이다. '남은 가족과 친구들이 아파할 거야. 아직 해 보지 않은 일이 많아. 내가 보살펴야 할 사람들이 있다고…….' 그럼 죽음이 말할 것이다. '걱정하지 마. 너 대신 누군가가 그들을 보살펴 줄 거야.' 내가 사라지면 나에게 의미 있던 모든 것이 사라진다고 그러니 걱정할 필요가 없다고 말이다.

이야기는 중반부에 다다른다. 그림에서 갑자기 까마귀가 등장한다. 까마귀는 죽음이 임박했음을 알려 주는 신호다. 서양에서도 까마귀를 불길한 새라고 여기며 죽음의 상징으로 쓰인다. 한국에서도 죽음을 알리는 새로 까마귀를 꼽는데, 까마귀의 검은색 때문이기도 하다. 까마귀는 우리 문화 속에서는 이승과 저승을 연결해 주는 새이기도 하고, 효를 상징하는 새로 인식되기도 한다.

다음 장면에서 오리는 몸이 달라지는 것을 알게 된다. 추위를 느낀 오리는 죽음에게 춥다며, 나를 좀 따듯하게 해 달라고 부탁한다. 그림에서는 오리는 죽음의 두 손을 잡고 죽음과 마주하고 있다. 죽음에 따듯하게 해 달라는 오리의 모습은 다소 충격적이고 새롭게 다가온다. 이야기의 결말에서 우리가 예상한 대로 오리는 더는 숨을 쉬지 않고, 움직이지 않는다. 죽음은 오리를 조심스레 물 위에 띄우고 살짝 밀어낸다. 죽음은 오리를 보내며 슬퍼하지만 그것이 삶이라고 말한다.

마지막 장면은 펼침면이 아니라 왼쪽 한 페이지로 구성되어 있다. 글 없이 그림만 보이는데 죽음이 토끼와 여우 사이를 거닐고 있다. 오리와 함께 죽음도 사라질 거로 생각했는데, 죽음이 계속 우리의 삶 속에서 공존하고 있음을 보여 주는 장면이다.

죽음을 왜 해골로 그렸을까 처음에 다소 불만스러웠는데, 이야기를 다 읽고 나니 해골이야말로 죽음을 가장 잘 보여 준다는 생각이 들었다. 죽음을 나타낼 그럴싸한 이미지를 떠올리지 못해서가 아니다. 죽음이 늘 우리 곁에 있다는 사실을 가장 잘 보여 주는 이미지여서 그렇다. 해골은 우리의 일부이지 않은가! 인간의 뼈를 구성하고 있는 모습이지만 우리의 외형적인 모습으로 인식하지 못하는 모습이니 말이다. 그리고 나와 함께 태어나고 살아가고 있으니 해골처럼 죽음의 특성과 딱 들어맞는 그림이 없겠다는 생각이 들었다.

　만약 내게 죽음이 오면 어떨까? 이렇게 오리처럼 친구가 될 수 있을까? 그와 죽음에 대해 평소 궁금했던 질문을 하고, 이야기를 나누며 좋은 친구로 지낼 수 있을까……? 나는 오리가 겁내지 않고, 죽음을 거부하거나 내치지 않는 모습이 인상적이었다. 그가 죽음과 친구가 되어 새로운 일에 도전하는 모습은 마치 죽음을 삶의 일부로 담대히 받아들이고 자신의 삶을 정리하는 모습으로 연결됐다. 그림책 속 죽음이 말한 걱정하고 슬퍼하는 일도 삶이라는 그의 말을 잊지 말아야겠다.

고마워요, 그림책
_삶과 그림책 깊이 읽기

ⓒ 곽영미, 2021

발행일 초판 1쇄 2021년 11월 16일
글 곽영미
편집 김유민
디자인 이진미
펴낸이 김경미
펴낸곳 숨쉬는책공장
등록번호 제2018-000085호
주소 서울시 은평구 갈현로25길 5-10 A동 201호 (03324)
전화 070-8833-3170 팩스 02-3144-3109
전자우편 sumbook2014@gmail.com
페이스북 / soombook2014 트위터 @soombook

값 14,500원 | ISBN 979-11-86452-78-3
잘못된 책은 구입한 서점에서 바꿔 드립니다.
저작권법에 의해 보호를 받는 저작물이므로 무단전재와 복제를 금합니다.